HET HART VAN EEN ZOON

EEN REIS NAAR HET HART VAN VADER

M. JAMES JORDAN

Fatherheart Media
www.fatherheart.net

© 2016

Het Hart van een Zoon - M. James Jordan
Originele uitgave in Engels: Sonship - door M. James Jordan
Uitgever Fatherheart Ministries
www.fatherheart.net

PO Box 1039, Taupo, New Zealand 3330
www.fatherheart.net

Een speciaal dankwoord aan;
Stephen Hill, Wilson Sze, Erica Sze, Cathy Garratt,
Veikko Kosonen and Lloyd Ashton.

Vertaling door Coen Groos
Omslag door Tom Caroll

ISBN: 978-90-79859-29-0

Alle rechten voorbehouden. Geen enkel gedeelte van deze uitgave mag vermenigvuldigd of opgeslagen worden op een manier die veelvuldig herhaald zou kunnen worden, op wat voor manier dan ook – bijvoorbeeld elektronisch, als fotokopie, opname; zonder geschreven toestemming van de uitgever, uitgezonderd als korte aanhaling in drukvorm.

Alle citaten van Bijbelteksten zijn, tenzij anders vermeld, een vertaling van de vertaler zelf, vanuit de Nieuwe King James-vertaling, of afkomstig uit de HSV.

Voor overig onderwijsmateriaal, e-boeken, CDs, DVDs of MP3 wordt verwezen naar de website www.fatherheart.net/store

Voor meer informatie over vaderhartscholen, conferenties en andere activiteiten in Nederland wordt verwezen naar de website www.fatherheart.eu of naar de facebookpagina Fatherheart Netherlands

Opgedragen aan Jack and Dorothy Winter

INHOUDSOPGAVE

	Dankwoord	7
	Voorwoord	9
1.	De openbaring van de Vader	11
2.	Waarom het hart belangrijk is	39
3.	Vergeven vanuit je hart	51
4.	Het hart van een zoon	85
5.	God is onze echte Vader	107
6.	De geest van een wees	129
7.	Het geheim van zoonschap	155
8.	De glorieuze vrijheid van zonen	179
	Bronnen	203
	Over de schrijver	204
	Een uitnodiging…	205
	Fatherheart Media	207

DANKWOORD

Ik kan niet genoeg benadrukken dat Jack Winter de meest invloedrijke persoon in mijn leven is geweest. Toen ik nog maar net christen was geworden, en op de Bijbelschool zat, sprak de Heer tot me met duidelijke stem. Hij zei tegen me dat Hij wilde dat ik een Jozua zou zijn voor Jack Winter. Gedurende de daaropvolgende vijfentwintig jaar waren Denise en ik in de eerste plaats zijn discipelen. Maar daarna werden we een zoon en dochter naar hem toe. Zoals Jozua alles in zich opnam wat de Heer tegen Mozes zei, probeerde ik alles wat de Heer aan Jack had doorgegeven in me op te nemen. Voordat Jack stierf, legde hij mij de handen op en bad voor me, dat de mantel van zijn zalving op mij zou komen. Ik probeer verder te gaan, zoals Jozua dat ook deed nadat Mozes gestorven was, om het gebied binnen te gaan aan de overkant van de rivier, vanaf het punt dat Jack stierf.

Ik wil ook de volgende personen heel hartelijk bedanken: John en Sandy Randerson, Jan en Sandra Rijnbeek, mijn vrouw Denise en mijn kinderen, Jack Winter (nogmaals) en nog enkele anderen die steeds in mij zijn blijven geloven, me hoog hebben gehouden en me gesteund hebben, toen ik niet bij machte was om op mezelf te staan.

Ik wil Stephen Hill bedanken voor al het werk dat hij heeft gedaan. Zonder hem was het niet gelukt om deze tekst voor elkaar te krijgen. Ook bedank ik Wilson en Erica Sze voor hun bemoediging en vastbeslotenheid om het te laten drukken.

Ik wil ook de mensen van Fatherheart Ministries bedanken voor hun vriendschap en hun aanmoedigingen, toen we samen steeds meer de liefde van de Vader leerden kennen.

Tenslotte - ik kan er gewoon niet de juiste woorden voor vinden en ik denk ook niet dat die bestaan – die voldoende tot uitdrukking kunnen brengen hoezeer ik onze God en Vader bedank, voor Zijn ontzagwekkende plan en de uitwerking daarvan in mijn leven. Hij was al met me voordat ik christen werd. En vanaf het moment dat ik christen ben geworden is Hij mij trouw geweest – zonder ooit van gedachten te veranderen door mijn successen of mijn falen. Hij houdt gewoon van me.

VOORWOORD

In 1977 zag Jack Winter iets te midden van de talloze afsplitsingen en breuken binnen het christendom van die tijd. Het was een felle lichtflits. Hem werd een blik gegund in het hart van God de Vader. De uitwerking daarvan trilt vandaag nog steeds door in het christendom.

Jack en Dorothy Winter hebben een verbazingwekkend avontuur beleefd vanaf die dag. Vervuld met de Heilige Geest en geloof hebben ze een reis in het onbekende gemaakt, waarbij ze de wereld en haar zorgen achter zich hebben gelaten, en op een niveau hebben geleefd van toewijding aan de Heilige Geest, en aan het Woord van God, zoals je dat zelden tegenkomt. Het duurde niet lang voordat honderden anderen, van over de hele wereld zich bij hen voegden in wat genoemd werd Daystar-Ministries. En het was in dit netwerk van gemeenten dat Jack deze inkijk kreeg in het hart de Vader.

Gedurende de daaropvolgende vijfentwintig jaar van zijn leven wijdde Jack de buitengewone bronnen van zijn innerlijk leven en zijn diepgaande bedieningservaring alleen maar aan het bedienen van de liefde van God. Hij had gezien dat deze liefde in feite een substantie was die kon worden uitgegoten in anderen, waardoor gebrokenen van hart genezen konden worden. Tijdens al zijn reizen kris kras over de hele wereld, heeft hij meer dan anderhalf miljoen kilometer gevlogen, en heeft hij elke dag, van 's ochtends vroeg, totdat het donker werd, duizenden mensen omarmd, en de wonderbare genezing door Gods liefde gezien. Ik was een van deze mensen. Jack heeft de realiteit gezien van Gods vaderende liefde – het hoogtepunt van de Nieuwtestamentische openbaring.'

Dit boek gaat over mijn persoonlijke reis naar, en in dat licht.

Jack was een geestelijke vader voor me en, voordat hij in 2002 stierf, legde hij mij de handen op, om zo zijn mantel te ontvangen. Maar ook die schitterende openbaring van de liefde van de Vader was nog maar een gedeelte. Er is altijd weer meer. Hier beschrijf ik hoe ik de Vader heb leren kennen. Toen Zijn liefde in mijn hart werd uitgestort, leidde dat mij ertoe om niet alleen maar een christen te zijn, maar een leven te leiden als zoon van God. Dit bleek slechts de eerste stap te zijn. Er is altijd meer. En dat is opwindend.

James Jordan
Taupo, Nieuw-Zeeland, 2012

HOOFDSTUK 1

De openbaring van de Vader

∼

In de afgelopen vijftien jaar heb ik meer dan 35 keer de wereld rond gereisd, en op talloze conferenties en in kerken gesproken, waar ik vertelde over de openbaring van de Vader. Vaak heb ik de indruk dat de Heer me over de wereld meeneemt, alleen maar om mensen te vertellen wat er in mijn leven heeft plaatsgevonden. Iemand zei eens tegen me: 'James, het lijkt wel alsof jij denkt dat de liefde van de Vader het antwoord is op alle problemen van de mens.' Geloof ik dat echt? Ja, dat geloof ik zeker, met mijn hele hart.

Hoe verder ik groei in deze openbaring van de liefde van de Vader, hoe meer ik besef dat er een totale vernieuwing van het Christendom moet komen. We hebben een Christendom dat te veel gefocust is op wat wij moeten doen en niet op Wie God is en wat Hij al heeft gedaan! Velen van ons dragen een last mee, met daarin verpakt een valse voorstelling van het Evangelie. Er is ons verteld wat wij moeten doen, vanuit ons gezichtspunt, in plaats van wat God heeft gedaan vanuit *Zijn* gezichtspunt. Ze hebben ons verteld dat we gezegend zijn, dus moeten wij een zegen zijn voor anderen. Maar het is zo dat we dat we gezegend zijn omdat God van ons houdt, en omdat Hij ernaar verlangt om ons te zegenen. Ze hebben ons een evangelie voorgeschoteld dat zegt dat we voor God moeten werken. Maar ik kan je zeggen dat dit er uiteindelijk voor zal zorgen, dat je zult vastlopen en burn-out zal raken. Steeds meer christenen hebben schoon genoeg van dit soort christendom, en stappen uit de tredmolen van altijd maar weer proberen God te behagen door voor Hem te werken.

Het christen zijn houdt simpelweg in: God houdt van je, en Hij wil dat je voortdurend ervaart dat Hij van jou houdt. Daar draait het allemaal om. Als je dit beseft, zal je tot Zijn rust kunnen ingaan, en zo'n voldoening en innerlijke vrede ervaren dat het een grote uitwerking zal hebben op de mensen om je heen. Gewoonweg door wie je bent in Hem. We bevinden ons nu in een tijdperk van herstel naar het ware christendom, een reformatie binnen het christendom, die volgens mij net zo ingrijpend is als *de* Hervorming in de 16e eeuw.

Jezus kennen is niet hetzelfde als de Vader kennen

De indruk die ik de afgelopen jaren heb overgehouden van het christendom is, dat het allemaal draait om Jezus. De Vader wordt eigenlijk alleen maar terloops genoemd. Zelfs in die mate dat je de indruk krijgt dat de Vader naar de achtergrond is verschoven, vergeleken met Jezus. Ik denk dat dit komt doordat we zo gericht zijn op Jezus. We hebben het idee, dat als we Jezus kennen, en Hem hebben ervaren, we dan automatisch de Vader kennen. Johannes 14:7 is een van de verzen die aanleiding hebben gegeven tot deze misvatting. Jezus zei: 'Als je Mij hebt gezien heb je de Vader gezien.' Maar we moeten wel onthouden dat Jezus *niet* de Vader is. Jezus zei dus *niet*: 'Ik ben de Vader.' Hij heeft nooit gezegd, dat Hem kennen hetzelfde is als de Vader kennen. Hij zei, dat de Vader in Hem de werken deed. Hij sprak woorden die de Vader Hem in de mond had gelegd. Hij zei: 'Ik doe alleen wat ik de Vader zie doen.' Maar Hij zei *nooit*: 'Ik *ben* de Vader.'

Alles wat we onderwijzen moet gegrond zijn op wat de Schrift zegt. Als we een openbaring krijgen die niet Schriftuurlijk onderbouwd is, is het geen openbaring van God. Maar we moeten wel inzien dat wandelen volgens de Schrift niet hetzelfde is als met God wandelen. Als je met God wandelt, zal je *automatisch* wandelen in overeenstemming met de Schrift. We wandelen in de Geest, niet in het Woord. Maar de Geest zal je nooit leiden in iets dat niet wordt onderbouwd door het Woord. De discipelen hebben nooit het Nieuwe Testament gelezen. Zij hebben het geschreven! Wat was de bron waaruit zij putten? Ze wandelden door de Geest, en de Geest gaf hen het Woord dat ze op moesten schrijven.

Ik heb ooit iets gelezen, dat door Andrew Murray was geschreven, en wat me heel erg raakte. Het is voor mij de aanleiding geworden om dit boek te schrijven. Murray schreef: *'Wat de liefde van de Vader voor Jezus was, zal ook Zijn liefde voor ons zijn.'* Zie je, het manco binnen onze christelijke ervaring is, dat zelfs al stellen we ons vertrouwen op Jezus, we betrekken de Vader er niet bij. Maar *Christus is gekomen om ons bij God de Vader te brengen.* Dat was het doel van Zijn komst - ons bij God de Vader brengen.

En Andrew Murray schreef verder: *'Zijn leven, van afhankelijk zijn van de Vader, was een leven vanuit de liefde van de Vader.'* Ik houd van die uitspraak! De reden waarom Hij in staat was afhankelijk te zijn van de Vader was, dat Hij er absoluut van overtuigd was dat de Vader van Hem hield, en dat Hij op die liefde kon rekenen.

In elke situatie in Zijn leven, was Hij volkomen afhankelijk van de Vader. Vervolgens maakte Murray de opmerking waar ik het meest van houd: *'Wat de liefde van de Vader voor Jezus was, zal ook Zijn liefde voor ons zijn.'* Welke plek nam de liefde van de Vader in het leven van Jezus in? Hoe belangrijk was de liefde van de Vader voor Jezus? Je zou kunnen zeggen dat die alles voor Hem betekende! Hij had er een welbehagen in om de wil van de Vader te doen. Hij leefde vanuit de voortdurende ervaring en het kennen van de liefde van de Vader voor Hem. Hij was - zou je kunnen zeggen, aan de boezem van Zijn Vader. Voor eeuwig in het hart van de Vader. Dat was Zijn plek.

Ik geloof dat we in deze tijd een openbaring te zien zullen krijgen die de hele wereld over zal gaan, een oceanische vloedgolf, die over de stranden zal spoelen als een tsunami. En dat zal het herstel brengen van de plek die de Vader inneemt in het christelijke leven.

Derek Prince schreef in een commentaar op Johannes 14:6 - waarin Jezus zegt: *'Ik ben de Weg, de Waarheid en het Leven. Niemand komt tot de Vader dan door Mij'*- dat dit vers gaat over een wandelpad en een bestemming. *'Jezus is de weg en de Vader is de bestemming.'* Vervolgens merkte hij op, *'Het probleem in de meeste kerken is, dat ze zijn blijven stilstaan op het wandelpad!'* We zijn blijven steken op de Weg! We zijn tot Jezus gekomen, maar we hebben geen intieme relatie gekregen met de Vader. Een van de oorzaken hiervoor is dat velen onder ons geen intieme relatie met hun aardse vader hebben gehad. Wanneer we dergelijke verzen lezen, beseffen we dat niet. We leggen onze theologie zo uit alsof het alleen maar om Jezus gaat. Maar ik denk dat Jezus zou zeggen: 'Het gaat niet om Mij. Het gaat om Mijn Vader.'

Wij leven in een tijd waarin het fundament van ons christen zijn verandert van een kruk met twee poten, naar eentje met drie poten, om zo te zeggen. Je hebt de openbaring van Jezus en de openbaring van de Heilige Geest, en we hebben ons 'christen' zijn gebaseerd op deze twee pijlers, omdat die al eerder realiteit waren geworden in ons hart. Maar nu heeft God ons openbaring gegeven over Zichzelf als Vader, en omdat God liefde is, is het een liefdeservaring. Ze is gebaseerd op een persoonlijke intieme instroming van de liefde van de Vader in ons hart. Bij sommige mensen gebeurt dat op een bruisende manier, terwijl het bij anderen meer druppelsgewijs gebeurt. Het maakt in feite niet zoveel uit hoe het gebeurt. Eigenlijk is het zo dat een openbaring tot ons komt als het geleidelijke aanbreken van een nieuwe dag.

Om een fundament te leggen voor Wie de Vader wil zijn in het leven van een christen, wil ik aanhalen wat Augustinus van Hippo heeft gezegd: *'De Bijbel als geheel vertelt niets anders dan dat God liefde is. Dit is de boodschap die alle andere boodschappen onderschrijft en verklaart.'* Elk christelijk onderwerp dat je maar kunt bedenken, geeft uitdrukking aan de liefde van de Vader. Ja, het is zo dat alles in het christen zijn draait om de liefde van de Vader. Een christendom zonder dat je de liefde van de Vader kent en ervaart, is een vorm van 'christen zijn' zonder fundament.

Er zal iets niet kloppen aan onze voorstelling van wat het inhoudt een christen te zijn, als we niet de liefde van de Vader als fundament hebben. Zelfs het kruis drukt de liefde van de Vader uit. De liefde van de Vader is niet een uitdrukking van het kruis. 'Want zo lief heeft God de wereld gehad, dat Hij Zijn eniggeboren Zoon heeft gegeven.' Zijn sterven aan het kruis was, in die zin, de meest geweldige boodschap van hoeveel God van ons houdt. Ze brengt tot uiting waar de liefde van God werkelijk op lijkt. Waar het in het 'christen zijn' allemaal om draait, is de liefde van de Vader.

En het kruis verwijdert alles wat tussen ons en die liefde inkomt, zodat wij vrijmoedig tot de troon van genade kunnen naderen, om bij Hem op schoot te gaan zitten, en om Hem als onze Vader te leren kennen. Ons 'christen zijn' zal erg verwrongen zijn als we niet inzien dat de liefde van de Vader de openbaring is waarop alle andere boodschappen rusten.

Augustinus zei ook: *"Als het geschreven Woord van de Bijbel in één woord zou kunnen worden samengevat en maar één stem zou zijn – dan zou deze stem krachtiger dan het bulderen van de zee uitroepen: 'De Vader heeft je lief.'"*

Snap je, we beseffen niet ons gebrek aan kennis! We beseffen niet dat we de Vader niet kennen. We kunnen de doctrine kennen en we kunnen zelfs anderen onderwijzen over het kennen van God als Vader, zonder dat we zelf Hem kennen als Vader. Een openbaring hierover zal zoveel veranderen in onze kijk erop, dat we, zonder er bij na te denken God gaan aanspreken met 'Vader!' Misschien kennen we de Bijbelteksten *over* de Vader, en denken we dat het kennen van die teksten hetzelfde is als de Vader Zelf kennen! We beseffen onze onkunde niet!

Een van de grootste problemen in het hedendaagse christendom is het geloof dat als we weten wat de Bijbel zegt, we dan automatisch bezitten waar het over gaat. Dat is een heel belangrijke misvatting. Wanneer ik hierover spreek kom ik deze misvatting heel vaak tegen. Het kan met name een probleem zijn voor hen die, net zoals ik, een academische instelling hebben. Jarenlang heb ik gedacht dat kennis hebben van de Schrift hetzelfde was als leven in de realiteit van waar de Schrift over spreekt. Dat leidde ertoe dat ik een volkomen verkeerde voorstelling had van waar ik me bevond in mijn relatie met God, die dan ook uiteindelijk in duigen viel door mijn eigen falen. Toen dat gebeurde, besefte ik plotseling dat al mijn kennis me geen centimeter had veranderd! Ik schreeuwde het uit tot God, om iets dat me zou kunnen veranderen.

We leven nu in een tijdperk, waarin God zich als Vader aan het openbaren is, op een manier die haar weerga niet kent sinds de dagen van de apostelen. Het maakt niet uit wat je hebt meegemaakt en in het verleden hebt ervaren, er is nog steeds een ongekend niveau beschikbaar van de liefde van de Vader. Als we ons hart hiervoor openen kan Hij onze hele ervaring binnen het christendom totaal veranderen in iets dat veel groter is. Die verandering vindt plaats wanneer we gaan ontvangen en ervaren waarvoor Jezus voor ons aan het kruis is gestorven: Vaders liefde!

Laat me beginnen met te vertellen hoe ik in aanraking ben gekomen met deze openbaring. Toen Denise en ik de Heer leerden kennen in 1972, wisten we niets van het christendom. Het gebouw dat het dichtst bij ons huis stond, was een kerkje op een heuvel in de buurt. Ik zag wel geregeld mensen die daar naartoe gingen. Sommigen van hen waren schoolvrienden van me, maar ik had er geen flauwe notie van waarom zij daar op een mooie zondagochtend naartoe wilden gaan. Ik snapte daar niets van. Ik had nog nooit de uitdrukking 'wedergeboren' gehoord.

Ik was ongeveer twee-en-twintig jaar, toen ik mijn leven aan de Heer gaf. Mijn redding bracht een gigantische verandering in mijn leven teweeg. Van jongs af aan heb ik me altijd buitengewoon eenzaam gevoeld. We woonden in een klein plattelandsdorpje en meestal had ik niemand om mee te spelen. De dichtstbijzijnde jongens van mijn leeftijd woonden minstens 5 kilometer bij mij vandaan. Dus, na schooltijd, en in de meeste weekends, zwierf ik op mijn eentje rond in de weidevelden en op het boerenland ver bij ons huis vandaan. Vaak zwierf ik na school over de heuvels bij ons in de buurt, tot het donker werd, waarna ik door het boerenland naar huis liep langs de karrensporen. Dan klom ik over de afrasteringen en hekken die daar waren. Ik kende de weg op mijn duimpje, maar ik voelde me erg alleen.

Toen Jezus dus in mijn leven kwam, in mijn ontzettende eenzaamheid, had dat een buitengewone uitwerking op me. Plotseling had ik te maken met deze Persoon in mijn hart, Die van me hield, en als gevolg daarvan werd ik verliefd op Jezus. Mijn redding was echt een overweldigende kleurenfilm. De lucht was nog nooit zo stralend blauw geweest en het gras nog nooit zo frisgroen.

Geboren in een opwekking

Toen ik werd gered, gingen Denise en ik naar een kerk waar opwekking was uitgebroken. Veel Amerikanen gebruiken het woord 'opwekking' op dezelfde manier als wij het woord 'campagne' gebruiken, als er een aantal evangelische samenkomsten worden gehouden. Maar opwekking - zoals ik die heb leren kennen - is wanneer de tegenwoordigheid en kracht van God zo sterk aanwezig zijn dat men die op een zeer tastbare manier ervaart. Als er opwekking is zal het altijd een belangrijke uitwerking hebben op onze ervaring van 'christen zijn'. Het is een echte opwekking als God met grote kracht aanwezig is dan wordt Zijn aanwezigheid op een bepaalde plek op een geweldige manier uitgestort.

Er gebeurden verbazingwekkende dingen in die kerk gedurende die tijd van opwekking. Er was een jonge vrouw die wilde leren pianospelen om de aanbidding te begeleiden, maar ze had nog nooit in haar leven ook maar één muziekles gehad. Op een dag ging ze achter de piano zitten, een van de diakenen bad voor haar, en meteen kon ze pianospelen, in welke toonsoort ze ook maar wilde. Ze kon niet pianospelen als er geen aanbidding was. Zestien jaar later nam ze muziekles, en kwam er toen achter wat zij al die jaren had gedaan.

Soms kwam het voor dat mensen Jezus gewoon door de kerk heen zagen lopen, over het gangpad, terwijl Hij mensen de handen oplegde. Hij raakte hen alleen maar aan terwijl Hij langs hen liep. Velen zagen exact hetzelfde op hetzelfde moment, tijdens de diensten. Een van de oudsten heette de gasten welkom, en nodigde de Heilige Geest vervolgens uit om te komen, en dan gingen we gewoon mee met wat er gebeurde. Vijf jaar lang hadden we geen voorganger nodig of leider in de samenkomsten, omdat de Heilige Geest zo duidelijk aanwezig was. Het was een heel bijzondere tijd. Het legde een honger in me om zonder enige onderbreking opwekking te ervaren. Sinds die tijd heb ik de verwachting en hoop gehad dat het nu weer zal kunnen gebeuren. Maar wij krijgen dat niet voor elkaar. Dat kan Hij alleen maar doen.

Als ik terugkijk valt me nog iets anders op. Toen de Heilige Geest zo duidelijk aanwezig was, ging ik er jammer genoeg vanuit dat Hij onze kerk eerde met Zijn aanwezigheid, omdat het onderwijs volkomen juist was. Veel mensen in de geschiedenis, en over de hele wereld maken vandaag de dag dezelfde fout. Wij denken dat als we de Schrift op de juiste manier uitleggen en toepassen, Hij zal komen en ons zal eren met Zijn overduidelijke aanwezigheid. Maar dat is gewoon niet zo! In feite is het zo, dat die veronderstelling de oorzaak is geweest van veel tweedracht onder de christenen. De werkelijkheid is dat Hij niet komt omdat het onderwijs zo juist is. Zijn komst *corrigeert* feitelijk het onderwijs. Het Woord kan je alleen maar begrijpen in Zijn tegenwoordigheid. De Bijbel werd geschreven tijdens opwekking. Iedere persoon die het geschreven heeft leefde tijdens een persoonlijke radicale opwekking. Ze werd geschreven tijdens opwekking en kan alleen maar worden verstaan tijdens opwekking.

Wij hadden dus een diep besef van Zijn aanwezigheid, iedere zondag weer, jaar na jaar, en mensen kwamen van over de hele wereld. Het duurde niet lang voordat de oudsten besloten een conferentie te organiseren. De enige plek in de stad die groot genoeg was om de menigte te huisvesten was de plaatselijke atletiekbaan, waar een grote tribune was. Er kwamen heel veel mensen opdagen om enkele van de beste sprekers ter wereld in die dagen te horen. Het was een buitengewone zegen voor ons om onder het gehoor te zitten van enkele van die internationale sprekers en onder de zalving in die samenkomsten. Omdat we ervan uitgingen dat God Zijn zegen aan het uitstorten was vanwege de juistheid van het onderwijs, zoog ik echt alles op wat er gepredikt en onderwezen werd. Nooit kwam de gedachte bij me op om ergens een vraagteken bij te zetten, of me af te vragen of het iets anders dan de absolute waarheid kon zijn.

Ik weet nog dat er een bijzondere spreker op die conferentie was, die een boodschap bracht die een diepe indruk op mij heeft nagelaten, die ik zonder enige aarzeling heb aanvaard. Hij sprak over het voorval dat Jezus Petrus, Jacobus en Johannes meenam, de berg der Verheerlijking op. Hij sprak erover hoe Jezus veranderde en hoe de omtrek van Zijn wezen werd veranderd en Hij bekleed werd met de heerlijkheid van de Heer, en hoe ze (althans tot een bepaalde hoogte) een openbaring kregen van hoe Hij er in de eeuwigheid uitziet. En toen zagen ze dat Mozes en Elia verschenen. De Vader sprak vanuit de wolk: *'Dit is Mijn geliefde Zoon. Luister naar Hem.'* De discipelen vielen buiten bewustzijn op de grond. Na enige tijd keken ze op en *'zagen zij slechts Jezus alleen.'* Mozes en Elia waren er niet meer en Jezus was nu weer 'gewoon zichzelf'.

Jezus alleen

De hele boodschap van de spreker zou kunnen worden samengevat in deze twee woorden: 'Jezus alleen.' Wat hij zei was: 'We moeten alleen maar naar Jezus kijken, naar Hem alleen. Hij is de Leidsman en Voleinder van ons geloof, de Alpha en de Omega, het Begin en het Eind. Hij is de enige Naam onder de hemel waardoor we behouden kunnen worden. Hij is het Hoofd van Zijn Lichaam, de Gemeente. Hij is de Bruidegom. Hij is alles en Zijn Naam is boven alles verheven.' Het draait alleen maar om Jezus en Hem alleen!

Toen hij dat zei, reageerde alles wat in mij was met: 'Amen!' Dat kwam doordat Jezus mij had gered. En dat was zo'n krachtige bekeringservaring geweest. Jezus betekende alles voor me. Elke keer als ik bad, sprak ik Hem aan met 'Jezus mijn Heer.' Alles draaide om Jezus. Aanbidding ging over Jezus. De liederen die we zongen gingen allemaal over Jezus.

Soms zette men er een vers in over de Heilige Geest of over de Vader, maar alles was gericht op de persoon van Jezus en ik dacht dat dit de focus was van het christendom.

'Heb je de liefde van de Vader al ontvangen?'

Enkele jaren later gingen we naar de Bijbelschool. Iemand die Jack Winter heette kwam naar Nieuw Zeeland en sprak op een conferentie op de school. Jack sprak over de Vader en in die tijd ontving hij een grote openbaring van de Vader. We hadden nooit eerder iemand ontmoet die zo'n zalving van God op zijn leven had als Jack. We hadden heel wat prachtige bedieningen meegemaakt, maar wat mij betreft, toen Jack Winter sprak, kwam het bij mij over alsof ik naar Jezus aan het luisteren was. Het ging veel verder dan wat ik ooit eerder had gehoord.

Jack zei vaak iets heel moois: 'Er zijn veel mensen die het Evangelie prediken, *maar wij stellen hen in de gelegenheid om het te leven.*' Dat was een heel krasse opmerking. Als je je wilde aansluiten bij Jacks bediening zou je al je bezittingen verkopen en het aan de armen geven of het aan de voeten van de apostelen neerleggen en optrekken met dat deel van het Lichaam van Christus dat in die tijd Daystar Ministries werd genoemd. Het was de zuiverste geloofsbediening die ik ooit heb gezien. Het is voorgekomen dat de tweehonderd mensen van de thuisbasis helemaal geen eten hadden voor de volgende maaltijd, dus we baden en stonden op de bres. Maar als je binnen twee uur eten op tafel wilt hebben, ziet de werkelijkheid er ineens heel anders uit als je gaat bidden.

De openbaring over de Vader die Jack op die conferentie in Nieuw Zeeland had ontvangen, was nu in volle bloei en hij begon te beseffen, dat als je de liefde van de Vader had ervaren, je emotionele genezing zou ontvangen. Het was een opwindende tijd. Er waren ongeveer 400 gezinnen die dat jaar hadden ingeschreven om zich aan te sluiten bij zijn bediening. Er waren twaalf verschillende bases verspreid over de VS en ze hadden 600 fulltimers in hun staf. Maar Jacks bureau was een tafeltje naast zijn bed. Hij was helemaal niet iemand voor groteske dingen.

Toen we daar aankwamen, was iedereen echt enthousiast over die openbaring van Vaders liefde en ze vroegen me: 'Heb je Vaders liefde al ontvangen?' Ik ergerde me daaraan! Ik was achtentwintig jaar en had het gevoel dat we ons hele leven zouden doorbrengen in Jacks bediening. Ik was nog maar net uit de bossen van Nieuw Zeeland gestapt, die door de meeste mensen beschreven zouden worden als een soort oerwoud. Op een hoogte van duizend meter veranderden de bossen in 'tussock' land, dat eruit zag als een zee van goudgeel gras. Die heuvels zijn een heel mooie plek om je leven verder door te brengen, en uit zo'n soort buitenleven kwam ik. Ik had een goede conditie en was een sterke jonge kerel. Ik was gewend om in de bergen te leven, buiten te slapen, in de open lucht, hout te hakken om mijn eten op te koken, en gehard door die manier van leven. En nu vroegen ze me: 'Heb je Vaders liefde al ontvangen?'

Ik vond die vraag nogal irritant, en zou hebben willen reageren met: 'Moet je luisteren. Ik ben vervuld met de Heilige Geest. Ik heb al een gemeente gesticht. Ik heb op een Bijbelschool gezeten. Ik kan profeteren, demonen uitdrijven, zieken genezen en het evangelie brengen op straat. Ik ben een duivel-uitdrijver. Ik ben een man van God! God heeft me geroepen als profeet, om een scherp tweesnijdend zwaard te zijn dat ziel en geest vaneen scheidt! Mijn woorden zullen mensen op de knieën brengen! Mijn woorden zullen de zondaar scheiden van de rechtvaardige en inspreken in het leven van velen! Ik ben geroepen om een profeet te zijn. Ik houd niet van dit 'liefdes-gedoe.' Wat bedoel je met: *'Ben je vol van Vaders liefde?'*

HET EERSTE LICHTSCHIJNSEL

Na een paar maanden kreeg ik onverwacht, zomaar, een gedachte. Ik weet nog, toen ik vier was, dat mijn moeder (die ooit een soort aanraking van de Heer moet hebben gehad), een tijdje de gewoonte had mijn broer en zuster en mij 's avonds mee te nemen naar haar slaapkamer. We knielden dan neer bij een kleine kist waarop ze een kruis en een kaars had staan. Ze stak de kaars aan en ze leerde ons het Onze Vader. Jaren later konden ze zich dat niet meer herinneren, maar ik herinnerde me het nog heel goed, want vanaf die tijd bad ik elke avond het Onze Vader als ik naar bed ging. Dan deed ik mijn ogen dicht en in gedachten bad ik het Onze Vader. Aan het eind bad ik altijd: 'God, zegen mama en papa, mijn broer Bob en mijn zuster Sylvia, en Heer, als ik opgroei, laat me dan gezond zijn, een gelukkig gezin hebben en een goede baan.' Dat bad ik elke nacht. Soms vergat ik het en dan bad ik de volgende avond twee keer! Ik sloeg geen avond over.

Die eerste paar maanden bij Daystar herinnerde de Heer me eraan, dat toen Jezus Zijn discipelen leerde bidden, Hij hen leerde zeggen: 'Onze Vader.' Ik besefte toen dat ik dat al vanaf mijn vierde had gebeden, tot mijn veertiende of vijftiende! Toen zag ik dat Jezus, vanaf het begin, de discipelen leidde naar een relatie met de Vader, en niet alleen maar met Hem. Dat was het eerste barstje om zo te spreken, in de boodschap 'Jezus alleen', die ik had gehoord. Ik begon te beseffen dat 'christen zijn' niet alleen maar ging over 'alleen Jezus.'

Snap je, als ze tegen me zeiden: 'Heb je Vaders liefde ontvangen?" kwam bij mij de vraag naar boven: 'Waarom heb je het over de Vader? Het draait allemaal om Jezus! Hij is de enige Naam onder de hemel waardoor we gered kunnen worden. Hij is Heer over allen. Hij is de Koning der koningen. Het gaat om Hem. Hij is Degene Die ons heeft gered, Degene Die voor ons stierf aan het kruis.' Ik had niet in de gaten dat de Vader in zekere zin ook aan het kruis stierf; ik bleef maar herhalen: 'Het draait allemaal om Jezus!'

Ik had het gevoel dat als ik een relatie aanging met de Vader, ik dan ontrouw zou zijn aan Jezus. Ik dacht bij mezelf: 'Na alles wat Jezus voor mij heeft gedaan, hoe kan ik Jezus dan mijn rug toekeren en een relatie aangaan met de Vader?' Dat vond ik moeilijk. Natuurlijk had dat er niets mee te maken, maar zo voelde ik het wel. Die herinnering aan het bidden van het Onze Vader veroorzaakte de eerste breuk in mijn verdedigingslinie. Maar Jezus zei tegen Zijn discipelen dat ze met hun Vader moesten praten. Hij zei:

'Maar als jullie bidden, ga in je binnenkamer, sluit de deur en bid tot je Vader.' (Matthéüs 6:6).

Opeens dacht ik: 'O, dat *heeft* te maken met de Vader.' Het *is* juist om meteen naar de Vader te gaan. Ik maakte vorderingen.

De Vader aanbidden

Een paar maanden later verscheen er nog een barst. Ik moest denken aan de tijd een paar jaar daarvoor, toen ik op de Bijbelschool was. Er was een docent uit Amerika, die zijn gezin had laten overkomen, om bij hem te zijn. Die man is elf jaar op de school geweest en gaf les over het evangelie van Johannes. Het kwam voor dat na zijn les, in plaats van dat we het lokaal uitliepen, we als het ware het klaslokaal uit zweefden! De eerbied en de aanbidding waarmee hij onderwees, was zo'n ongelooflijke zegen. Hij nam ons een heel jaar vers voor vers mee door het boek Johannes. Tegen het einde van het jaar verontschuldigde hij zich, dat we niet verder waren gekomen dan hoofdstuk 16! Het was een ongelooflijk jaar geweest, waarin we een diepe blik hadden geworpen in het boek Johannes.

Maar toen we bij hoofdstuk 4 waren gekomen, zei hij: 'We gaan dit hoofdstuk op een andere manier doen. In plaats van dat ik les ga geven, geef ik aan een ieder van jullie één of twee verzen. Die gaan jullie bestuderen, en daarna komen jullie terug en vertellen jullie wat je hebt geleerd.' Toen hij dat zei, hoopte ik meteen dat ik één bepaald vers zou krijgen. Ik dacht dat als ik dat vers zou krijgen, ik geen huiswerk hoefde te doen, omdat ik al openbaring over dat vers had gekregen. Ik had het erg druk, dus als ik dat bepaalde vers zou krijgen, zou ik geen huiswerk hoeven te maken en zou ik wat vrije tijd voor mezelf kunnen hebben.

Hij gaf dus aan een ieder van ons een of twee verzen en aan mij gaf hij precies het vers waarop ik had gehoopt. Dat vers was Johannes 4:23. Maar toen ik dat vers bestudeerde, dacht ik dat het dit betekende: 'Maar de tijd komt en is nu, dat de ware aanbidders God zullen aanbidden in geest en in waarheid, want God zoekt zulke aanbidders.' Dat is niet wat er precies staat, maar wat ik *dacht* dat er stond. Ik was zo blij dat ik het vers had gekregen waarop ik had gehoopt. Nu hoefde ik het niet te bestuderen. Eindelijk was het mijn beurt om voor de klas te vertellen welke openbaring ik had gekregen. Ik vertrouwde erop dat ik een goed stukje werk had gedaan in het doorgeven van mijn begrip van dat vers, en dat werd bevestigd door enkele studenten die na afloop naar me toekwamen en me complimenteerden.

Mijn openbaring ging over 'aanbidden in geest en in waarheid', omdat ik wist wat aanbidden inhield. Aanbidding is wanneer je geest uit je mond naar buiten wil komen in een volmaakte uitdrukking van liefde en verering. Daar komt niet veel denkwerk aan te pas; het is gewoon in contact staan met je geest. Ik ben erachter gekomen dat je aanbidden niet kunt leren. Aanbidden is een natuurlijke reactie op Zijn aanwezigheid. *Dat* is aanbidden in geest en waarheid! En dat is wat ik met hen deelde over mijn openbaring vanuit dit Woord.

Maar acht jaar later kwam ik erachter wat het vers *werkelijk* betekent. In dit vers zei Jezus eigenlijk:

'De tijd komt en is nu, dat de ware aanbidders <u>de Vader</u> zullen

aanbidden in geest en in waarheid, want <u>de Vader</u> zoekt wie Hem zo aanbidden.'

Tot aan die tijd was mijn aanbidding volkomen gericht op de Jezus, en Jezus alleen. Alle liederen die we in die tijd zongen, en ook nu nog, zijn alleen maar op Jezus gericht. We dragen WWJD (What Would Jesus Do?) polsbandjes. We zingen: 'Het gaat alleen om U, Jezus.' Eigenlijk geloof ik dat Jezus het niet eens zou zijn met die uitspraken. Ik denk dat Jezus zou zeggen: 'Het gaat *werkelijk* alleen om Mijn Vader.'

Natuurlijk is het niet verkeerd om Jezus te aanbidden. Enkele van de mooiste aanbiddingsliederen in de Bijbel gaan over Jezus, met name in het Boek Openbaring, waar alle oudsten hun kroon neerwerpen voor Hem, en het Lam van God in aanbidding verhogen. Maar wat ik wil zeggen is dat Jezus *Zelf* zei: 'De ware aanbidders zullen *de Vader* aanbidden in geest en in waarheid.' Toen ik dat las, kon ik me niet voorstellen dat ik zou zeggen: 'Ik aanbid U, Vader', of: 'Ik houd van U, Vader.' Ik was van mijn stuk, omdat die woorden zo ver afstonden van hoe ik erover dacht, maar ik zag wel dat Jezus Zelf ze had gezegd. Ik begon te beseffen dat de Vader een plaats toekomt in ons leven! Mijn standpunt van 'Jezus en alleen maar Jezus' begon te veranderen.

Hoewel deze openbaring tegenwoordig de kerk begint binnen te komen, en we weer oog krijgen voor de Vader, zijn er nog mensen die moeite hebben met ditzelfde punt en vaak de kritiek uiten: 'Jullie wekken de indruk dat jullie gewoon naar de Vader doorlopen en Jezus voorbijlopen.' Ik wil hier heel duidelijk over zijn: 'Wij willen op geen enkele manier Jezus links laten liggen. De enige *Weg* naar de Vader is via Jezus en alleen door Hem hebben we een relatie met de Vader.

We zijn in Christus

Sommige mensen zeggen dat ketterij eerst wordt gezongen, voordat ze wordt gepredikt. Het is echt mijn wens dat mensen die christelijke liederen schrijven, eerst iemand die wat begrip van de Bijbel heeft raadplegen. Vaak zeggen onze liederen niet wat de Bijbel leert, en toch zingen we ze vaker dan dat we de Bijbel zelf lezen. Bijvoorbeeld, in een oud kerklied staat: '...we wandelen met Jezus, het licht van de wereld.' Veel liederen spreken over 'wandelen met Jezus' maar dat is eigenlijk geen Bijbelse uitspraak.

We wandelen niet *met* Jezus. We zijn *in* Christus en Hij is *in* ons. Ons leven is opgegaan in Zijn leven. Wij zijn gedoopt in Hem en nu is het: *'...niet meer mijn ik, maar Christus leeft in mij, en het leven dat ik nu leef, leef ik door het geloof van de Zoon van God, die mij heeft liefgehad en Zichzelf voor mij heeft overgegeven.'* (Galaten 2:20). Hij is mijn leven geworden. Hij woont *in* mij en ik ben *in* Hem. Ik ben *in* Hem gedoopt. Het is niet zo dat ik zij aan zij met Hem wandel, maar dat we samen met de *Vader* in Christus zijn. In feite is het eigenlijk niet *mijn* relatie met de Vader. Ik heb deel gekregen aan *Jezus'* relatie met *Zijn* Vader.

Jezus is de Weg tot de Vader

Gedurende dit hele proces begon ik in te zien dat het eigenlijk Bijbels is om een persoonlijke relatie te hebben met de Vader, vanwege Wie Jezus is en wie ik ben *in* Hem.

En toen stuitte ik op Johannes 14, en het is de moeite waard om daar eens bij stil te staan, omdat we hier iets tegenkomen dat vaak verkeerd wordt begrepen. Ik houd van de verzen die gaan over de laatste dagen voordat Jezus werd gekruisigd. Volgens Jack Winter zijn de laatste woorden van iemand vlak voor zijn dood de moeite waard om bijzondere aandacht aan te schenken.

Jezus begon met te zeggen:

'Laat je hart niet in beroering raken. Jullie geloven in God; geloof ook in Mij. In het huis van Mijn Vader zijn veel woningen; als dat niet zo was, zou Ik het jullie wel gezegd hebben. Ik ga heen om een plaats voor jullie in gereedheid te brengen. En als Ik ben heengegaan, kom Ik terug en zal Ik jullie tot Mij nemen, opdat ook jullie zullen zijn waar Ik ben.'(v1-3).

Jezus kondigde aan dat Hij weg zou gaan, maar de discipelen zagen nog steeds uit naar een fysiek koninkrijk. Het was een hele schok voor hen, omdat Jezus zei: 'Ik ga weg. Ik laat jullie hier achter.' Ik kan me voorstellen dat ze elkaar aankeken en zeiden: 'Wist *jij* dit? Ik kwam hier bij Hem, omdat ik dacht dat Hij de Romeinen eruit zou gooien. We hebben ons leven gegeven en onze netten achter ons gelaten. We zouden een koninkrijk stichten, net zoals de Makkabeeën hebben gedaan, en we zouden soldaten worden in een nieuw op te richten leger, om een eind te maken aan onze gevangenschap en Israël te bevrijden. Waar heeft Hij het *nu* over?'

Maar in wezen zei Jezus: 'Nee, Ik ga voor jullie een plaats klaarmaken, maar jullie kunnen daar nu niet samen met Mij komen.' En toen ging Hij verder:

'En waar Ik heenga weten jullie, en de weg erheen kennen jullie.' (Johannes 14:4).

Ik weet nog dat ik op school zat met dertig studenten in mijn klas. Soms deed de leraar een uitspraak die geen van ons allen begreep, maar niemand zei iets, omdat niemand een vraag durfde stellen, waardoor hij of zij voor schut zou komen te staan. Ik denk dat de discipelen op dezelfde manier reageerden, toen Jezus zei: 'Jullie weten waar ik naartoe ga, en jullie kennen de weg.' Ik kan me indenken dat die jongens elkaar aankeken en dachten: 'Weet jij het? Heeft Hij het jou verteld? Mij heeft Hij het niet verteld. Was ik er toen niet? Waar heeft Hij het over?'

Ik weet zeker dat zij zich allemaal ervoor schaamden te moeten erkennen dat ze het in feite niet wisten. Thomas maakte toen de volgende heerlijk zuivere en onschuldige opmerking: 'Heer, we weten niet waar U naartoe gaat. Hoe kunnen we dan de weg kennen?' Ik ben zo blij dat Thomas dat zei, omdat als hij dat niet had gedaan, wij niet het daaropvolgende vers hadden gekregen, dat een van de belangrijkste verzen is van het Nieuwe Testament:

"Jezus zei tegen hem: 'Ik ben de Weg, de Waarheid en het Leven. Niemand komt tot de Vader dan door Mij.'(Johannes 14:6).

Hij vertelde hen de Weg en de bestemming. Toen Hij zei: 'Ik ga heen om een plaats voor jullie in gereedheid te brengen, zodat jullie ook kunnen zijn waar Ik ben.' Wat Hij eigenlijk zei was, dat Hij een plaats voor hen in gereedheid ging brengen in het hart van de Vader. Zie je dat Hij *niet* zei: 'Jullie *zullen zijn* waar Ik zal zijn', maar: 'jullie zullen zijn waar *Ik ben.*' Jezus heeft altijd geleefd aan de boezem van de Vader en toen Hij op aarde was, was Hij daar nog *steeds.* In Johannes 1:18 staat:

'Niemand heeft ooit God gezien; de eniggeboren Zoon, Die in de schoot van de Vader is, Die heeft Hem ons laten zien.'

Er gaat een tijd komen, dat de wereld alleen zal luisteren naar hen die zich bevinden in de schoot van de Vader, in Zijn liefde. Omdat dat de enige plek is vanwaar we echt God kunnen laten zien, Hem kunnen openbaren aan de wereld. Het zoonschap zal doorslaggevender zijn dan elke andere karaktertrek van het christendom. Dat *moet* ook wel, omdat alleen dan de Gemeente uiteindelijk in staat zal zijn het totale beeld van de Zoon van God te weerspiegelen.

Vader is onze bestemming

Jezus zei: *'Ik ben de Weg, de Waarheid en het Leven, niemand komt tot de Vader dan door Mij,'* Jezus is de Weg naar de *bestemming*. De bestemming is de Vader. Daarna voegde Hij eraan toe:

'Als jullie Mij werkelijk kenden, zouden jullie ook Mijn Vader hebben gekend. Vanaf nu kennen jullie Hem en Hebben jullie Hem gezien.'

Veel mensen hebben deze woorden genomen en geloven, dat als je Jezus hebt gezien, als je uit ervaring een echte relatie met Hem hebt gekregen, dat je dan vanzelf een relatie met de Vader hebt. Ze geloven dat er geen afzonderlijke ervaring met de Vader is, die anders is dan je contact met Jezus. Ik zou bijna hetzelfde geloven, ware het niet dat we ook nog vers 8 hebben, de vraag die Filippus stelde.

Filippus vroeg: 'Heer toon ons de Vader, dat is voldoende.'

Wat Filippus in wezen zei is: 'Jezus, ik heb drie jaar lang naar U gekeken. U kan ik zien, maar de Vader kan ik niet zien!' We zien dat U een relatie met Hem heeft, maar we zien alleen maar U. Toon ons de *Vader!*'

Jezus antwoordde:

'Ben Ik al zo lang bij jullie, en jullie kennen Mij niet, Filippus? Wie Mij gezien heeft, heeft de Vader gezien; hoe kan je dan zeggen: 'Laat ons de Vader zien'? Geloof je niet dat Ik in de Vader ben en de Vader in Mij is? De woorden die Ik tot jullie spreek, spreek ik niet uit mezelf, maar de Vader, Die in Mij blijft, Die doet de werken. Geloof in Mij, dat Ik in de Vader ben en de Vader in Mij, en zo niet, geloof Mij dan om de werken zelf.'

Hij zei tegen Filippus dat de wonderen in feite tekenen waren van de tegenwoordigheid van de Vader. In vers 7 zegt Hij: 'Als jullie Mij gekend hadden, zouden jullie ook Mijn Vader gekend hebben.' (NIV) Met andere woorden: 'Je kunt Mij kennen of je kunt Mij *echt* kennen. En als je Mij *echt* zou kennen, zou je de Vader ook kennen.'

Het is zo, beste lezer, dat je een relatie met Jezus kunt hebben – terwijl je de Vader helemaal niet 'ziet'.

Vader moet geopenbaard worden door Jezus.

Laat me het zo zeggen:'Jezus deed nog een uitspraak in Mattheüs 11:27. Hij zei:

'Alle dingen zijn Mij overgegeven door Mijn Vader, en niemand kent de Zoon, dan de Vader, en niemand kent de Vader dan de Zoon, en hij aan wie de Zoon het wil openbaren.'

Deze uitspraak raakte me erg, als jongeman, omdat ik altijd heb gedacht dat eenzaamheid inhoudt dat je niemand kent. Maar ik kwam erachter dat de juiste definitie van eenzaamheid is, dat niemand *jou* kent. Als je merkt dat niemand echt weet wat het betekent om zoals jou te zijn, dan bevind jij je op een heel eenzame plek. Eenzaamheid kan opgeheven worden als je het toelaat dat iemand anders mag weten wat het betekent om een leven te leiden zoals jij hebt.

Toen Jezus in dit vers zei: 'Niemand kent de Zoon, dan de Vader,' zei Hij eigenlijk dat God de Enige was die Hem echt kent. Jezus droeg die eenzaamheid Zijn leven lang hier op aarde. Zelfs Zijn moeder begreep Hem niet. Zij 'overlegde deze dingen in haar hart', maar ze begreep Hem niet echt. Hij zei: 'Alleen de Vader kent Mij *werkelijk*.' Daarna keerde Hij die uitspraak om, 'Zo ook kent niemand de Vader, dan de Zoon.'

Dit is een van de redenen waarom de Joodse leiders boos op Hem werden en Hem kruisigden. Omdat deze Jezus van Nazareth beweerde dat Hij Jahweh beter kende dan *zij*, de religieuze elite! Deze leiders hadden hun hele leven in de tempel doorgebracht, vanaf hun jeugd, en ze hadden alles geleerd wat er maar te leren viel over God! Ze hadden voortdurend in die omgeving geleefd, met het uit hun hoofd leren van hele stukken uit de Schrift, met het afbakenen van hun gedrag, zodat ze nooit iets verkeerds zouden doen, opdat ze God zouden kennen en Hij hen waardig zou keuren.

En deze timmermanszoon, die naar alle waarschijnlijkheid werd beschouwd als een onwettig kind, kwam hen vertellen: 'Ondanks al jullie studie kennen jullie Jahweh niet echt. *Alleen Ik ken Hem.*' Het ligt voor de hand dat ze dachten dat Hij gek was, arrogant, of nog erger: ketters. Hij veroordeelde het complete Joods religieuze stelsel, door te zeggen dat Hij de enige was die het bij het juiste eind had, de enige die God echt kende.

En Hij had gelijk. Misschien dat ze wat *over* God wisten, maar

Hij *kende* God! Snap je, omdat Hij niet was geboren als een zoon van Adam, had zonde Hem niet gescheiden van God. Jesaja 59:2 vertelt ons dat zonde scheiding maakt tussen ons en God, maar Jezus werd zonder zonde *geboren*! Hij was geen zoon van Adam. Hij was een directe bevruchting van God Zelf in de baarmoeder van Maria.

Er was automatisch contact met God mogelijk gedurende Zijn hele leven. Als Hij bad openbaarde Zijn Vader Zich aan Hem – van *geest tot geest*. Hij moest het nog wel in geloof doen, net zoals wij, maar Hij had een intieme verhouding met de Vader. Hij was op een natuurlijke manier verwekt door de Geest, dus was Hij vervuld met de Heilige Geest, meteen vanaf de bevruchting.

Toen Hij dus zei: 'Niemand kent de Vader dan Ik,' zei Hij in feite: 'Het hele Joodse ras en zij die van alles over Hem hebben geleerd, kennen Hem eigenlijk niet, maar ik ken Hem wel!' Hij bewees dat Hij de waarheid sprak door de werken die Hij deed en de woorden die Hij zei. De werken die Hij deed waren een teken van de aanwezigheid van de Vader, niet alleen een uitwerking van Zijn kracht en autoriteit. Zijn wonderen wezen op de realiteit van de liefde die de Vader voor ons heeft.

Toen de religieuze leiders terugdeinsden voor Zijn boute bewering dat Hij de enige was Die God kende, ging Hij nog wat verder met Zijn uitspraak: 'Niemand kent de Vader dan de Zoon, *en degenen aan wie de Zoon het wil openbaren.*' Wat Hij bedoelde was: 'Ik ken de Vader persoonlijk, en niemand kent Hem zoals Ik Hem ken, *maar* Ik kan Hem aan jullie openbaren. Ik kan de Vader openbaren aan hen die Ik uitkies om Hem aan te openbaren.' De Vader moet aan ons worden geopenbaard door Jezus!

HET IS EEN OPENBARING

Er is een *openbaring* van de Vader. Het is niet mogelijk dat je zomaar de Vader kent, omdat je dat wilt. Je kunt de Vader niet leren kennen doordat je iets uit de Schrift hebt toegepast of omdat je gelooft wat de Schrift zegt. De Vader moet aan je geopenbaard worden door openbaring, op dezelfde manier als dat Jezus aan je werd geopenbaard door openbaring toen je werd wedergeboren.

Je werd niet geboren op eigen kracht. Jij hebt er niets voor gedaan, waardoor je werd gered. Je reageerde op wat God deed.

Bekering en geloof op zich leiden er niet toe dat je wordt wedergeboren. Maar als God ziet dat je dat met je hele hart doet, zorgt Hij ervoor dat er een geestelijke omwisseling in je geest plaatsvindt, doordat je binnen in je opnieuw geboren wordt. Niet zozeer omdat je gelooft wat er in de Bijbel staat en jij probeert te doen wat er in de Bijbel staat. Je wordt een nieuwe schepping op een bovennatuurlijke manier. Er is iets spiksplinternieuws in je geboren: je bent niet meer dezelfde. Het is Gods werk in jouw hart. Gered worden is eigenlijk een openbaring van Jezus en die openbaring heeft God Zelf gegeven. Hij laat Jezus aan je zien.

Iets soortgelijks gebeurt er met de doop in de Geest, als de Heilige Geest aan jouw geest wordt geopenbaard. De realiteit van de Heilige Geest, de essentie van Zijn wezen, manifesteert zich dan in het diepste binnenste van je geest, en op slag weet je dat de Heilige Geest werkelijkheid is. Wij noemen dat 'de doop in de Geest' of de 'vervulling met de Geest' maar eigenlijk is het zo dat jouw geest de openbaring ontvangt van de aanwezigheid van de Heilige Geest binnenin je. Als dat gebeurt ontvang je openbaring, en de kennis over een aantal waarheden ontvang je dan automatisch.

Wanneer je een ontmoeting hebt met Jezus en gered wordt, zijn er een aantal waarheden die je op een bovennatuurlijke manier ontvangt. En je hebt absoluut geen twijfel over de geloofwaardigheid ervan. Je *weet* gewoon dat Jezus werd geboren uit de maagd Maria. Hoe weet je dat? Door een *openbaring* van de Heer, want zo is Jezus. Je zult weten dat Hij niet slechts *een* zoon is van God. Hij is *de* Zoon van God, en je weet zonder enige twijfel dat er geen andere Zoon is dan Jezus. Jouw geest binnenin je, heeft een ontmoeting met Hem gehad en je weet dat dit onmiskenbaar de realiteit is. Veel martelaren zijn een afschuwelijke dood gestorven, omdat ze niet de openbaring en realiteit van Jezus wilden verloochenen.

De doop in de Heilige Geest geeft ook de *openbaringskennis* dat Hij een wonder werkende kracht geeft. Simson trok de pilaren van de tempel omver. Elia haalde de strijdwagens en paarden in toen hij terug rende naar de stad. Als de Geest van God op iemand komt, komt er kracht op hem, omdat de Geest van God de kracht van God uitstort. De Drie-enige God was persoonlijk betrokken bij de schepping van het heelal. De Vader nam het initiatief, Hij sprak het Woord, Jezus, en de kracht van de Heilige Geest schiep, de Drie-eenheid werkte samen in alles.

Als je niet vervuld bent met de Heilige Geest, zal je een verklaring zoeken voor de wonderen die hun werkelijkheid teniet doet. Maar als je vervuld bent met de Geest ligt het anders. Dan weet je het gewoon, omdat je in aanraking bent gekomen met de werkelijkheid van Degene Die de kracht van God heeft.

De openbaring van de Vader

De Vader kennen is niet alleen maar instemmen met een theologie uit een boek, maar de Vader Zelf wordt werkelijkheid in je geest en Zijn liefde wordt in je binnenste geopenbaard. Toen Jezus zei: 'Niemand kent de Vader dan Ik en zij die Ik gekozen heb, om Hem aan hen te openbaren,' sprak Hij over het *openbaren* van God onze Vader aan ons hart.

We gaan binnen in de ruimte van het hart als we de Vader leren kennen door openbaring want *openbaring* komt tot ons hart. Daar houd ik van, omdat het niet gaat om je verstand en of je genoeg wilskracht hebt om voor elkaar te krijgen wat er ogenschijnlijk gedaan moet worden. In feite is het zo, dat die zaken meestal in de weg lopen.

Ik geloof dat God bezig is een openbaring van Hemzelf als Vader uit te storten op een manier die niet meer is voorgekomen sinds de dagen van de apostelen. Waar het in het christen-zijn om draait is de Vader kennen door openbaring. Jezus is de Weg naar de Vader. De openbaring van de Vader is de bestemming.

HOOFDSTUK 2

Waarom het hart belangrijk is

Ik wil je aanmoedigen om de Geest van God toe te staan jouw geest te voeden terwijl je dit boek leest. Mijn wens is dat God door dit boek iets in je hart zal doen. Daarom heb ik dit boek geschreven. God zal over het algemeen niet je denken infiltreren. Wat Hij wel doet is dat Hij *ons hart verandert*. Want als je hart veranderd is, word je een ander persoon. Zonder dat je nog iets anders moet doen, zal je je anders gedragen en een ander persoon zijn. Als je hart is veranderd zal je je *vanzelf* anders gaan gedragen.

Ik weet zeker dat je hebt gemerkt dat de Bijbel geen schoolboek is. Ze bevat niet een lijst met onderwerpen in hoofdletters, waarbij de onderwerpen op chronologische volgorde staan. Ze is door God geschreven juist met de bedoeling dat de waarheden die erin staan ontdekt zullen worden door hen die ogen hebben om te zien, en die kunnen luisteren. Ik heb ooit iemand horen zeggen dat God ervan houdt om gevonden te worden. Zoals een vader het fijn vindt om verstoppertje te spelen met zijn kinderen, heeft Hij bedacht dat alleen zij die tijd met Hem willen doorbrengen en naar Hem verlangen, Hem zullen vinden.

Wanneer we de Bijbel lezen en Hem zoeken met heel ons hart, zal Hij ons grote en machtige dingen laten zien, waarvan wij geen weet hebben. Wanneer we Hem aanroepen zal Hij ons antwoorden! Zijn waarheid is voor de oppervlakkige waarnemer verborgen. Daarom heeft Hij Zijn Woord niet gegeven in de vorm van een leerboek dat de oppervlakkige lezer zou kunnen begrijpen. Zijn waarheid zit verborgen in woorden, die er net zo uitzien als alle andere woorden.

Ik heb ontdekt dat er een geweldige waarheid verborgen zit in Spreuken 4:23. Daar staat: *'Behoed je hart boven al wat te bewaren is, want daaruit zijn de oorsprongen des levens.'* Een andere vertaling zegt het zo: *'Bewaar je hart, met alles wat in je is, want het is je bron van leven.'* Dit vers is een heel belangrijke richtlijn geworden in onze bediening. Ik geloof dat het een van de echt grote uitspraken is in de Schrift. De Bijbel staat vol met deze maxi-waarheid-uitspraken. Zoals: 'God is liefde', of 'God is Geest.' Dat zijn belangrijke zaken – het zijn maxi-waarheden! Ik geloof echt dat Spreuken 4:23 een van de maxi-waarheden is van het christendom, die jammer genoeg door de meeste christenen vandaag de dag over het hoofd worden gezien.

Snap je, je hart is het belangrijkste deel van jou, en alles wat je in je leven zult ervaren, ervaar je via je hart. Hoe jij het leven ervaart, hoe jij gebeurtenissen beleeft en wat voor uitwerking het op je heeft, wordt allemaal bepaald door de gesteldheid van je hart. Het zit zo: je denken is van jou – je emoties zijn van jou – je wil is van jou – maar je hart, dat ben *jij*!

Ik leg dat zo uit: Iemand kan iets tegen twee mensen zeggen, op hetzelfde tijdstip, maar de ene persoon zal vinden dat het dit betekent, terwijl de andere persoon vindt dat het iets anders betekent. Degene die spreekt kan dezelfde woorden gebruiken, die op hetzelfde tijdstip worden uitgesproken, en toch kunnen ze twee verschillende dingen betekenen voor de twee toehoorders. Hoe komt dat? Dat komt doordat hun hart verschillend is afgesteld. Die woorden kunnen iets anders inhouden bij verschillende mensen. Twee mensen kunnen dezelfde blik zien bij iemand en die toch verschillend interpreteren.

Eigenlijk zou je kunnen zeggen, dat we allemaal in verschillende werelden leven, omdat onze levenservaring op een andere manier is geconditioneerd. Bijvoorbeeld, als een jongen, die is opgegroeid met een gewelddadige vader, het woord 'vader' hoort, zal hij zijn hart automatisch afsluiten voor dat woord. Hij zal niet luisteren naar wat jij zegt. Maar als een jongen die een fantastische vader heeft, het woord 'vader' hoort, zal dat automatisch gevoelens van 'op je gemak voelen' en van veiligheid oproepen. Twee totaal verschillende werelden!

Een ieder van ons leeft in een wereld die verschilt van die van iemand anders. Gewoon omdat ons hart veranderd is, en beïnvloed is door de dingen die we hebben meegemaakt. Onze familiaire omgeving, waar op de wereld we zijn opgegroeid, culturele gewoonten, onze opleiding, onze intellectuele status, onze sportieve mogelijkheden en onze verschillende relaties. Al deze dingen hebben invloed gehad op hoe we nu het leven ervaren. Misschien kan je niet eens benoemen, wat je denkt, maar je ziet het leven vanuit hoe je hart is geconditioneerd.

Hoe ons hart wordt veranderd

Toen we christen werden, wilden we veranderen en meer op Jezus gaan lijken. De manier waarop God dat doet is echter niet door je denken op te voeden, of je te motiveren om betere keuzes te maken door menselijke overwegingen. Maar op deze manier wordt het volwassen zijn als christen wel vaak aan ons voorgesteld. 'Als je wilt veranderen, moet je het op deze manier doen. Je moet volwassen worden. Je moet groeien.'

Het heersende begrip over discipelschap, zoals men het tegenwoordig vaak uitlegt, ziet er ongeveer zo uit. *'Dit moet je doen, en dat moet je doen,'* of: *'Dit moet je niet meer doen, en dat moet je niet doen,'* of nogmaals: *'Je moet jezelf deze gewoonten aanleren en dat gedrag moet je veranderen.'*

Maar het is zo, zelfs al zou je in staat zijn om een bepaalde handeling te stoppen, dan verander jij nog niet, omdat je hart bepaalt wie je werkelijk bent! De manier waarop je hart beïnvloed wordt door de dingen die jij in je leven hebt meegemaakt, bepaalt wie je nu bent.

Daarom staat er in Spreuken 4:23:

'Bewaar je hart met alles wat in je is, want daaruit zijn de bronnen des levens.'

Alles wat je bent, ben je door hoe je hart is. Misschien kan je je gedrag veranderen door je besluitvaardigheid en je wilskracht, maar ik zal je vertellen wat er kan gebeuren. Misschien dat je de juiste keuzes hebt gemaakt, en dat je alles doet op de manier die van je verwacht wordt. Misschien dat je zelfs leert glimlachen met de juiste glimlach, en je weet je te gedragen als een goede christen. Maar op een dag zal er iets gebeuren in jouw wereld, en val je terug naar wie je *werkelijk* bent, en gebruik je een taal die je niet zou moeten uiten. Of je valt terug naar een manier van denken en een manier van omgaan met andere mensen, waarvan je weet dat het verkeerd is.

Op een moment van buitengewone stress zal het uit je mond komen. Misschien zeg je zelfs: 'Het spijt me, dat was ik niet.' Ik kan je vertellen dat dat *je werkelijke 'ik' was*. Want, als je onder druk komt te staan zal je hart zich tonen door wat je zegt en de manier waarop je het zegt. Als alles fijn gaat, en op rolletjes loopt kun je uit je verstand spreken en weet je de juiste dingen te zeggen en te doen. Maar als je onder druk komt te staan, zal de ware aard van je hart tevoorschijn komen. Je gedrag veranderen zal geen verandering brengen in wie je bent in je ware ik. Echte en blijvende verandering komt voort uit een hart dat veranderd is.

Gelukkig houdt God ervan om ons hart te veranderen. Ik houd van die uitspraak. Het is zo'n mooie waarheid. *Als God je hart verandert, zal dat deel van je hart vanzelf alles uitwerken wat God van je vraagt. Dan zal je vanzelf zijn wat een christen zou moeten zijn, zonder dat je erbij hoeft na te denken, omdat het uit je hart zal komen.*

Bij Fatherheart Ministries in Noorwegen hebben we een geweldig echtpaar, Olaf en Unni. Ze werden in de 1970 gered, en de uitwerking daarvan in hun woonplaats in Noorwegen was heel opmerkelijk. Een derde van de jonge mensen in de stad werd christen. We ontmoetten hen voor het eerst zo'n tien jaar geleden, toen we in hun kerk spraken, en de liefde van de Vader raakte hen diep aan. Alle inspanningen van Olaf om te presteren, om de goede christelijke man te zijn, om de goede voorganger te zijn, stopten toen hij de liefde van de Vader ervaarde en Zijn rust binnenging. De liefde van de Vader heeft hun leven radicaal veranderd.

Olaf en Unni hebben een bediening in Kenia die verschil maakt. Toen ze op een avond na een samenkomst naar huis liepen, werden ze lastiggevallen door negen jongemannen, die hen afranselden en alles stalen wat ze bij zich zich hadden. Ze werden midden op een smerige weg in de sloppen van Nairobi achtergelaten. Toen ze weer bij bewustzijn kwamen, was Unni zielsblij dat ze haar trouwring nog had, maar alle andere dingen was ze kwijt. Ze waren in staat om naar elkaar toe te kruipen, en toen ze voor hun aanvallers begonnen te bidden, werden ze allebei met zo'n liefde vervuld voor deze mannen, die hen hadden geslagen! Het verbaasde hen. Gods liefde stroomde gewoon uit hen. Ze konden aan niets anders denken dan: 'Deze prachtige jongelui, help hen God en heb ze lief. God zegen hen.' Al die liefde stroomde gewoon uit hun hart. Deze ervaring overtuigde hen van de overduidelijke realiteit van Vaders liefde, omdat de liefde uit hun hart kwam, zonder dat het hen ook maar enige inspanning kostte. Ze hoefden hun aanvallers niet te vergeven, omdat ze hadden ontdekt dat ze iets bezaten dat veel groter was. Ze bezaten een diepe liefde voor hun vijanden.

Zo hoort het hart van een ware christen te zijn! Niet op de manier van 'ik moet hen vergeven', of 'ik weet dat het juiste om te doen is 'hen vergeven'. Voor Olaf en Unni was het een overstelpende uitwerking van wat ze al in hun hart bezaten. Ze hoefden zichzelf niet af te vragen wat het juiste was om te doen in die situatie. Net zo'n hart als Jezus zou hebben laten zien, zat nu automatisch in hen!

Als God je hart verandert, zal je vanzelf een ander mens worden.

Christen zijn heeft niet te maken met hoe jij je moet gedragen om vervolgens te gaan proberen hoe je dat op jouw wilskracht kunt uitvoeren. Natuurlijk geloof ik dat je met alles wat in je is je tegen zondigen moet verzetten, maar stoppen met zondigen is niet hetzelfde als op Christus lijken. We moeten beseffen dat alleen God ons hart kan veranderen, zodat we op Christus kunnen gaan lijken. Als Hij je verandert, zal je vanzelf een ander persoon worden, zonder dat je erover hoeft na te denken.

We moeten begrijpen dat een Christen de kracht van God in zich heeft. Als je leeft als christen zal dat alles in je bewerken wat een christen zou moeten zijn. Dan ben jij het niet die het doet. Niet jouw inspanning, zelfbeheersing of discipline. Als je een leven leidt dat op dat van een christen lijkt, door je eigen inspanning, ben *jij* degene die de eer daarvoor ontvangt. Pas als alleen God *Zelf* je heeft veranderd, zal je Hem daarvoor de eer geven. God werkt in ons hart om ons te veranderen. Pas dan zal ons gedrag en ons denken *automatisch* veranderen, zodat we op Degene zullen lijken Die ons heeft veranderd.

Littekenweefsel

Als je een wond in je hart hebt opgelopen zal die daar blijven totdat God haar geneest. Zolang die wond er nog is, zal dat deel van jou op de een of andere manier vervormd en verkromd zijn, en zal het niet functioneren zoals zou moeten.

Toen ik negen jaar was ben ik van mijn fiets gevallen en daar heb ik een litteken van op mijn knie aan overgehouden. Op de plek waar het handvat in mijn huid sneed. Wat heb ik moeten huilen! Toen ik thuiskwam kon ik een grote snee zien dwars over mijn knie. Terwijl mijn moeder het schoonmaakte, stond mijn vader ernaar te kijken en zei: 'Dat litteken zal je de rest van je leven blijven zien.' Dat litteken zit er nog steeds, tot op de dag van vandaag, maar hij is erg klein. Weet je hoe dat komt? Mijn knie is gegroeid! Maar het litteken is nog even groot, omdat het littekenweefsel niet is meegegroeid. Als je hart verwond is geraakt, zal dat gedeelte niet meegroeien, het blijft 'kind'. Daardoor kunnen zovelen onder ons kinderlijk reageren, waarvoor we ons schamen. We hebben ons voorgenomen om de volgende keer anders te reageren, maar zonder uitzondering reageren we de volgende keer net zo! God houdt ervan om de littekens van je hart te genezen, dat gedeelte van je wordt volwassen. Het hoeft niet lang te duren voordat het weer gaat groeien. Godzijdank geneest God ons heel snel!

Als je hart is verwaarloosd of niet de liefde heeft ontvangen die het nodig heeft, of als het gebroken is en verwond is geraakt, dan zal dat deel van je hart een litteken blijven houden, totdat God het geneest. Het is Gods werk om ons hart te genezen en Hij doet dat door Zijn helende liefde in ons uit te storten.

Je hart, dat ben jij

Als je gewond bent geraakt in je hart, is het diepste deel van je verwond. Waarom? Omdat je hart niet van jou is. Je hart, dat ben *jezelf*. Jouw bekwaamheid om keuzes te maken is een bekwaamheid die jij hebt, omdat jouw wil van jou is. Je kunt over je wil heersen, zoals jij dat wilt. Je bent niet je denken, omdat je van gedachten kunt veranderen. Je kunt ervoor kiezen om anders te gaan denken. Daarom is wat je denkt niet 'jij' omdat je over je denken kunt heersen. Je kunt je denken op verschillende manieren vormen. Je kunt weten of iets verkeerd is, maar je kunt besluiten om iets anders te geloven. Je kunt je eigen denken sturen. Je denken, dat ben jij niet. Het is van jou.

Hetzelfde geldt voor je emoties. Je emoties zijn van jou maar ze zijn niet *'jij'*. Veel mensen lopen in de val dat ze denken dat hun emoties in feite 'hen' zijn. Als ze bedroefd zijn, ziet de hele wereld er droevig uit. Als ze zich gelukkig voelen, is het leven fantastisch. Als ze zich terneergeslagen voelen, zien ze de wereld als een deprimerende plek. Je gevoelens en emoties zijn weliswaar van jou, maar ze zijn niet wie jij werkelijk bent. Omdat jij iets op een bepaalde manier voelt, wil dat nog niet zeggen, dat het de waarheid is.

Je denken is van jou, je wil is van jou. *Maar je hart, dat ben jij.*

Liefde die geneest

Als God je hart verandert, zal je gaan houden van waar God van houdt. Zal je gaan voelen wat God voelt. Zal je gaan denken zoals God denkt. Zal je gaan doen, wat God doet – automatisch! Dit boek gaat dus niet over opvoeding en vorming, maar meer over dat Hij in je hart wil komen en het genezen, en Zijn liefde in je wil uitstorten, en je hart wil veranderen zodat het op Zijn hart lijkt.

Het geweldige nieuws is, als liefde binnenkomt, zal alles wat het *gebrek aan* liefde jou heeft aangedaan omgedraaid worden. Soms gebruik ik het woord 'on-liefde', wat misschien niet echt een woord is, maar het beschrijft de werkelijkheid goed. Er zijn zoveel dingen in deze wereld, die we hebben ervaren, die geen liefde zijn. Misschien heb je veel traumatische ervaringen gehad van on-liefde, die gaten hebben geslagen in het fundament van je leven. Iedere ervaring van on-liefde is als een uitbarsting in je diepste innerlijke wezen. Als God Zijn liefde uitstort in dat fundament, zal het automatisch eerst de gaten vullen. Zijn liefde stroomt in de gaten en de trauma's van je leven en begint je te helen.

En toch begrijpen de meesten onder ons dit nog steeds niet. De focus van de meeste counseling bedieningen die wij hebben gedaan, was vast te stellen wat voor gebrokenheid er in het leven van de persoon was, door te proberen de voorvallen te isoleren, waardoor ze verwond waren geraakt. Daarna baden we met hen over dat voorval, dat God het zou genezen, en God beantwoordde ons gebed en stortte Zijn helende liefde uit. Dat had dus succes. Maar wat ik heb gemerkt is dat als je je hart kunt openzetten en gewoon de liefde van de Vader binnen laat binnenkomen, dan zal die *alle* gaten opvullen! Je hoeft ze niet allemaal te identificeren. Ze zal automatisch in hen binnenstromen! Als we dus de sleutel vinden waarmee we elkaar kunnen helpen ons hart te openen om de liefde van de Vader te laten binnenkomen en blijvend te laten stromen, zullen we genezing ontvangen, of we dat nu prettig vinden of niet!

Snap je, de liefde van de Vader wordt uitgestort in je hart en daar ontmoet je Hem. Ooit dacht ik dat je niets meer hoefde te doen in de bediening dan dat. We dachten dat de Vaderhart boodschap iets is, waardoor men emotioneel wordt genezen, maar ik heb ontdekt, dat de genezing van het hart slechts een begin is van het kennen van de Vader. Als Zijn liefde voor de eerste keer binnenkomt, zal ze ons hart genezen. Als je je hart open houdt, kan je een zoon of een dochter van de Vader worden, in je relatie met Hem, en zal je groeien in de kennis en wandel in Zijn liefde.

De sleutel heeft echt te maken met het openzetten van je hart. Ik weet niet hoe ik mijn hart moet openzetten. Ik heb geen idee hoe dat in feite gebeurt. Ik wilde wel dat ik dat wist. Maar wat ik *wel* kan doen is mezelf gewoon overgeven aan God en zeggen: 'God, wat U ook maar wilt doen in mij; ik vind het goed. Hoeveel pijn het ook doet, ga Uw gang. Vader, ik vertrouw U, U bent een goede God en U zult mij geen kwaad doen. Ik geef mezelf aan U. Ik vertrouw U, omdat U goed bent.'

Er zijn veel mensen die redenen naar voren brengen waarom ze sommige mensen in hun leven niet kunnen vertrouwen. Er is nooit een reden waarom we God niet zouden kunnen vertrouwen. Sommige mensen zeggen: 'God liet het toe dat dat dit in mijn leven gebeurde.' God heeft nog nooit iets kwaads in je leven gedaan, of in dat van iemand anders – nooit! Hij kan alleen maar goed doen. Hij kan niet zondigen. Er is dus nooit een reden te bedenken om

God ergens van te beschuldigen of Hem iets te vergeven, waarvan wij denken dat Hij heeft gedaan. Het kan zijn dat we denken dat Hij iets verkeerds heeft gedaan, maar dat is niet zo. Zelfs al snappen we niet wat er in ons leven gebeurt, de waarheid is dat God altijd alleen maar goed is.

Nu je dit boek aan het lezen bent, wil ik je uitnodigen om je hart aan Hem te geven, zoveel als je kunt. Je kunt zeggen: 'Vader, hier ben ik, U mag alles doen.' Misschien lees je dit boek met een bepaalde verwachting, maar ik zie liever dat er aan Gods verwachting voldaan wordt, in plaats van aan de mijne. Je kunt zeggen: 'Vader, ik ben hier voor wat *U* voor mij heeft, niet dat er aan mijn verwachtingen wordt voldaan.'

Hij is door en door goed. We kunnen Hem vertrouwen.

HOOFDSTUK 3

Vergeven vanuit je hart

∾

Toen Jezus aan het kruis stierf zei Hij: 'Het is volbracht!' Alles wat God voor ons zou kunnen doen, heeft Hij al gedaan. Alles wat God in Zijn hart voor ons heeft, daar is nu al in voorzien. De situatie is nu zo, dat we gaan beseffen wat Hij heeft gedaan. Wat Jezus aan het kruis heeft gedaan, wordt nu werkelijkheid voor ons. Het proces van groeien in je christen-zijn draait er alleen maar om dat jij en ik deze werkelijkheid pakken van wat Hij al heeft gedaan. God hoeft niets meer te doen. Christus heeft het allemaal al gedaan. Maar hoe komt het dat wij dat niet ten volle ervaren? In de volgende twee hoofdstukken wil ik het antwoord hierop gaan onderzoeken.

Hij houdt al van ons

In deze openbaring van de liefde van de Vader gaat het er niet om dat wij moeten proberen Hem zover te krijgen dat Hij Zijn liefde in ons hart gaat uitstorten. Zijn liefde daalt al elk moment op ons neer. De vraag is: *'Waarom ervaar ik dat dan nog niet? Waarom is dat nog geen werkelijkheid voor mij?'*

Het belangrijkste probleem waarmee we te maken hebben is dat er blokkades binnenin ons zijn die verhinderen dat het werkelijkheid in ons leven is geworden. Wanneer we worden verlost van die blokkades, wordt Zijn liefde meer en meer werkelijkheid voor ons in onze ervaring. Het lied dat het thema is geworden van de opwekking in Wales, was heel mooi: 'De liefde van God is zo uitgestrekt als een oceaan, Zijn goedertierenheid is als een vloed.' De liefde van God is zo uitgestrekt als de oceaan. Ik weet waar een oceaan op lijkt. Het kost je bijna twaalf uur om van Nieuw Zeeland naar Los Angeles te vliegen, en daartussen ligt in feite niets anders dan oceaan. We zijn nog maar net begonnen met het dippen van onze tenen in deze geweldige oceaan van Vaders liefde.

Als we zonder ophouden gaan ervaren dat Hij ons liefheeft, zal dat onze persoonlijkheid veranderen. Het verandert ons leven en transformeert ons naar het beeld van Jezus. *De Liefde zelf verandert ons.* De sleutel voor geestelijke groei is het kwijtraken van de dingen die ons belemmeren om de realiteit van Zijn liefde te ervaren. Dat is de simpelste en toch ook weer meest diepgaande waarheid.

Christen-zijn herbergt levenskracht

Bij iedere christen werkt de *levenskracht* van binnen naar buiten. Als Christus werkelijk in je woont, zal Hij een christen van je maken, en je zo veranderen dat je alles zult kunnen zijn wat Jezus is. Jij hoeft *niets te doen* om ervoor te zorgen dat dit gebeurt. Als je niet veranderd wordt naar het beeld van Jezus, betekent het dat je eigenlijk niet ervaart dat Christus in je woont. De kern van het christen- zijn is simpelweg dit: Jezus stierf aan het kruis om ons te verzoenen met God, zodat wij een relatie met Zijn Vader kunnen hebben en dag aan dag kunnen leven in de ervaring dat de Vader voortdurend bezig is ons lief te hebben. Christen- zijn is oneindig veel meer dan dat je beaamt dat God van je houdt. Het is dat je *werkelijk* ervaart, elke minuut, elke dag, dat je *geliefd* bent door de Vader. Het verschil tussen deze twee is enorm. Zelfs de duivel weet dat God van jou houdt. Dat is geen geloof; het is een juiste leerstelling. Geloof is *weten* dat Hij bezig is je *lief te hebben*. Als je dat niet ervaart, komt dat doordat er nog blokkades in je hart zijn. Als die blokkades worden opgeruimd, is de hemel open.

Christen-zijn kan je vergelijken met iemand die een heleboel geld heeft geërfd van een familielid die gestorven is, maar zich daar niet van bewust is. Een paar jaar geleden kwam er in de media in Nieuw Zeeland een bericht over iemand die enorm veel geld had geërfd van een ver familielid in Zuid Amerika, van wie hij zelfs het bestaan niet wist. Het kostte de executeurs testamentair een aantal jaren om vast te stellen dat hij het enige overgebleven familielid was en vervolgens om hem op te sporen. Hij had het duizelingwekkende bedrag van dertien miljard dollar geërfd.

Stel je eens even voor. Op een dag krijgt hij een telefoontje van een advocaat, die een afspraak met hem wil maken. Hij gaat naar hem toe en hoort dat dat enorme bedrag nu helemaal van hem is. Wat een schok! Wat denk je dat hij de daaropvolgende dag ging doen? Dit zou zijn leven drastisch en voorgoed veranderen. Je kunt er uren aan besteden om te bedenken wat hij zou kunnen doen en hoe zijn leven erdoor zou veranderen.

De waarheid, beste lezer, is dat leven als een christen precies zo is. Door de dood en opstanding van Jezus hebben we een enorme erfenis ontvangen. Zovelen van ons hebben er geen flauw idee van wat dat inhoudt. Maar, dat zijn we aan het ontdekken. We zijn aan het ontdekken wat het inhoudt gered te zijn. Het is veel meer dan alleen maar een enkeltje naar de hemel ontvangen, een plezierig leven leiden, aardig doen tegen je buren, een goede werknemer of werkgever zijn, regelmatig naar de kerk gaan, of zelfs een bediening hebben in de kerk. Velen geloven dat dit de som is van alles wat een christen zou kunnen zijn! Maar ik zeg je, dat christen-zijn toch wel ietsje meer is!

Christen-zijn houdt in dat jij en ik worden als Jezus. Dat is het doel. Om tot in de eeuwigheid een leven te leiden in overeenstemming met het leven dat Jezus tot in alle eeuwigheid leidt. Het overtreft alles wat je je maar kunt voorstellen. Iemand die pas vijf minuten christen is, heeft niet minder geërfd dan iemand die al 85 jaar christen is. Misschien is het wel zo, dat iemand die al langer christen is, zich meer bewust is van zijn erfenis, maar we bezitten allemaal hetzelfde.

Einstein heeft ooit gezegd: 'Je weet pas echt iets, als je het kunt uitleggen aan je oma.' Daar houd ik van, omdat, als je echt iets weet in het leven, dan wordt het eenvoudig. Waar ik het over heb is niet ingewikkeld. De Vader houdt van ons en dat verandert wie we zijn. Wanneer we die liefde kennen, en erin wandelen, zal het ons veranderen naar de beeltenis van de Heer. Daarom wil ik je een paar dingen vertellen die een blokkade hebben gevormd in mijn eigen leven, en de weg laten zien die de Heer met mij is gegaan om zover te komen.

Een ongemakkelijk wonder

Wij hebben Jack Winter voor het eerst ontmoet in 1976, toen hij ons had uitgenodigd om over te komen naar Amerika om deel te gaan uitmaken van zijn bediening, die bekend was onder de naam Daystar Ministries. We gingen daar naartoe in september 1978, naar een snikheet Los Angeles, en daarna naar Indianapolis. We hadden een enkele reis geboekt, wat volgens mij een geweldig wonder was van God, omdat je de VS niet zomaar kon binnenkomen als bezoeker. Als je voor korte of langere tijd kwam, moest je een retour ticket kunnen laten zien. Dorothy Winter haalde ons af van het vliegveld, en we reden naar hun bedieningscentrum in Martinsville, Indiana. Daar hoorden we voor het eerst over de liefde van de Vader.

Maar ik zat met een groot probleem. Ik had niet bepaald het gevoel dat ik geroepen was voor een bediening die met liefde te maken had. Ik was een man van God, niet een doetje van God. Dat liefdesgedoe was absoluut niets voor mij. Voor mij was bediening zo scherp zijn als een mes, door woorden te gebruiken die dwars door de machten van het kwaad heen zouden snijden, en de demonen op de knieën zouden brengen. Toen ik bij Jack kwam op het missiecentrum, met Denise en de drie kinderen, was ik teleurgesteld toen ik ontdekte dat het alleen maar ging over dat liefdesgedoe. Ik vreesde dat we een afschuwelijke fout hadden gemaakt, maar we konden niet naar huis terugkeren, omdat we geen retourtje hadden! De Heer had daar Zijn bedoeling mee, al voelde ik me niet op mijn gemak.

We zaten in de knel op dat moment, en na een tijdje begon ik na te denken over hoe ik mijn tijd daar meer ten nutte zou kunnen maken. En toen, terwijl ik op een dag met een van de voorbidders sprak, en haar in de ogen keek, zag ik dat zij wist hoe je moest bidden. Ik dacht: 'Ik weet echt niet hoe ik moet bidden, maar zij weet dat kennelijk wel.' Dus besloot ik op dat moment dat ik zou proberen om het te leren.

Leren bidden als een echte man.

Ik werd erg gemotiveerd door een verhaal in het Boek Handelingen, waarin Petrus op het dak van een woning zat. Er staat dat terwijl hij aan het bidden was, hij honger kreeg. Ik dacht: 'Hoe lang duurt het voordat je honger krijgt?' Dat moet op zijn minst een paar uur zijn. Ik stelde me zo voor dat Petrus een fysiek hardwerkend iemand was. Iemand met eelt op zijn handen en een verweerd gezicht. Iemand die vaak lang buiten was, net zoals ik. Zo iemand die, als er iets niet goed ging, de zaken zelf oploste door aan te pakken. Hij ging vissen nadat Jezus was gestorven. Hij kroop niet onder zijn bed om te gaan zitten treuren of zich af te zonderen met treurgedichten. Ik houd van poëzie en heb zelf ook wat geschreven, maar ik kon me meer identificeren met de werker in Petrus. Ik had ook eelt op mijn handen. Ik had een groot gedeelte van mijn leven in de bergen doorgebracht als beroepsjager. Later, nadat ik was getrouwd met Denise, heb ik in de bouw gewerkt.

Ik kon me dus vereenzelvigen met die ruwe en taaie man, Petrus. Zelfs een actief, hardwerkend buitenmens als hij had volharding geleerd in zijn gebedsleven. Soms denken we dat het voor een introvert persoon of een studiebol gemakkelijker is om langdurig te bidden, maar kijk nu eens naar Petrus. Die bad totdat hij honger kreeg. Dat vond ik een grote uitdaging.

Een andere Bijbelse figuur die voor mij een uitdaging vormde was Elia, die ook een taaie was. Hij wordt beschreven als iemand die een voorhoofd had als een vuursteen. Je moet toch wel een bepaald persoon zijn om de dingen te kunnen doen die hij heeft gedaan. Als Elia de kamer zou binnenkomen, zouden we mogelijk bang worden van de blik in zijn ogen. Wat mij opviel (in 2 Koningen 1:9) was dat hij op een heuveltop zat. Voor mij wil dat zeggen dat hij een gebedsleven had. Hij had geleerd om bij God te zitten.

Dat was een uitdaging voor me, omdat ik het niet lang volhield om te bidden. Ik wilde dat dus leren. Mijn doel was, dat ik meer op deze inspirerende personen over wie ik had gelezen, zou gaan lijken. In het souterrain van de plek waar we woonden, was een mooie kleine kapel, die helemaal in groen afgewerkt was. Dus vatte ik het plan op om elke zaterdag daar te gaan bidden, als er verder niemand te bekennen was. Dan zou ik de deur dicht doen, daar blijven en net zo lang bidden als ik maar kon.

Naarmate de zaterdag daarop naderde, dacht ik na over lijstjes met gebedspunten om voor te bidden. Alles wat je zou kunnen bedenken als vorm van gebed, zou ik gaan toepassen om de tijd maar genoeg te rekken. Ik dacht dat als mijn gedachten zouden afdwalen, ik mezelf niet zou gaan veroordelen, maar mijn gedachten weer op de rails zou zetten. Ik stelde mezelf gerust, dat ik geen vergeving zou hoeven te vragen vanwege de zwakheid van mijn vlees, ik zou gewoon mijn lijstje met verzoeken afwerken. De zaterdag daarop sloot ik mezelf op in de kapel en bad over alles wat ik me maar kon bedenken.

Ik bad in tongen, in het Engels, al zingend, terwijl ik met mijn gezicht op de grond lag, terwijl ik door de kamer heen rende. Ik bad net zo lang als ik kon, en zo langzaam mogelijk, om de tijd nog meer te rekken. Ik had mijn Bijbel meegenomen. Maar ik was daar om te bidden, niet om te lezen. Na wat voor mij wel een eeuwigheid leek, kwamen de muren op me af. Ik had er schoon genoeg van en begon claustrofobisch te worden. Ik haastte me naar de deur, de gang in. Keek op mijn horloge en zag dat het 06.20 uur was. Ik was om 6.00 uur begonnen.

Nu ben ik niet iemand die het snel opgeeft. Dat was de realiteit van leren bidden. De hele verdere week besteedde ik aan het bedenken van nog meer dingen om voor te bidden. De zaterdag daarop zou ik weer naar beneden gaan, omdat ik me had voorgenomen om dat elke zaterdag te doen. Die volgende zaterdag verliep op dezelfde manier, bidden voor van alles en nog wat, zo langzaam als maar mogelijk was, in tongen en in het Engels, zingend, staand, zittend, liggend, rondrennend. In elke mogelijke samenstelling van verschillende soorten van bidden. Toen ik het uiteindelijk niet meer uithield, liep ik de deur uit. Ik was pas vijfentwintig minuten bezig geweest. Ik vond dat ik het al aardig ver had geschopt, maar het zou nog een hele tijd duren voordat ik dagenlang op een heuveltop zou kunnen zitten, zoals Elia had gedaan! En ik had ook geen honger gekregen zoals Petrus!

Ik ging nog wel iedere zaterdag naar beneden, naar de kapel. Het was hard werken, maar ik zette door, omdat ik dacht, dat als deze mensen het konden, ik het ook zou moeten kunnen. Ik wilde een man van God zijn en ik zou er alles aan doen om een man van God te worden.

En toen, op een dag, gebeurde er iets. Ik was aan het bidden, en plotseling was de tegenwoordigheid van de Heer er. Ik had Zijn aanwezigheid al vaker ervaren, maar nooit in die mate als ik helemaal alleen op mezelf was. Ik had de aanwezigheid van God op een krachtige manier ervaren samen met anderen in een samenkomst, maar nog nooit alleen. Het was zo verbazingwekkend. Toen Zijn aanwezigheid kwam, was mijn eerste gedachte dat ik niets moest doen waardoor het de kamer zou verlaten. Ik had mijn Bijbel in mijn hand en ik aarzelde om die te openen. Ik vroeg nergens om, wat zou kunnen worden uitgelegd als zelfgerichtheid of een verkeerde motivatie. Ik stond gewoon voor Hem en deed alleen iets waarbij ik me volkomen op mijn gemak voelde in Zijn tegenwoordigheid. Na een poosje verdween Zijn tegenwoordigheid. Het loste als het ware op, zoals de nevel in de bergen. Plotseling besefte ik dat ik weer alleen was. Hij was weg. Ik keek op mijn horloge. Er was een uur voorbij gegaan, maar het leken slechts vijf minuten. Op dat moment had ik het nog niet in de gaten, maar ik had niet alleen het geheim van bidden geleerd. Maar ook het geheim van leven als een christen.

Het hele leven als christen kan je eigenlijk samenvatten als gericht zijn op één ding. Dat ene is Zijn tegenwoordigheid zoeken en daar blijven, leren leven in de bewuste realiteit van Zijn aanwezigheid. Elke keer dat ik na die dag naar beneden ging, naar de kapel, zag ik uit naar Zijn aanwezigheid. Soms kwam die, soms ook niet, maar het kwam steeds vaker. Maar meer en meer leerde ik hoe ik in Zijn tegenwoordigheid kon komen.

En toen, op een keer toen ik aan het bidden was, gebeurde er iets, waardoor alles anders werd. Het is meteen de laatste keer geweest dat ik naar de kapel toe ging. Ik ervaarde Zijn tegenwoordigheid en was bij Hem. Tegen die tijd duurde mijn gebedstijd drie tot vier uur. Ik ijsbeerde door de kapel met de Bijbel geopend in mijn hand. Toen ik bij de muur kwam en me omdraaide, sprak de Heer plotseling tot me.

En dat heeft grote invloed uitgeoefend op wie ik nu ben. Maar ook – en dat wist ik op dat moment nog niet – heeft het veel gedaan in het leven van duizenden mensen. Hij sprak tot me op een buitengewoon prikkelende manier. Hij stelde me een vraag die me diep van binnen raakte. De vraag bevatte vijf woorden, maar daarin zat zoveel verpakt. Weet je nog dat ik worstelde met al die vragen over hoe je Vaders liefde zou kunnen ontvangen? Hij sprak op een volmaakt duidelijke manier, en Zijn aanwezigheid werd zodanig dat ik het alleen maar kan beschrijven als heel specifiek. Plotseling stond ik voor het voetlicht. Het voelde aan alsof Hij nauwlettend naar me keek, om te zien hoe ik zou reageren op Zijn vraag.

Op de een of andere manier wist ik dat Hij kon zien wat ik dacht en voelde. Elke reactie lag open en bloot voor Hem. Ik was bang, omdat ik onder de kritische blik van de Heer kwam. Het voelde aan als een zoeklicht gecombineerd met röntgenstralen. In Hebreeën 4:13 staat: *'Alles ligt naakt en ontbloot voor de ogen van Hem, aan Wie wij rekenschap hebben af te leggen.'* Wat ik zo beangstigend vond was, dat ik me zo bewust werd van de realiteit hiervan. Ik werd blootgesteld aan Zijn onverbiddelijke blik. Ik stond daar en probeerde te bedenken hoe ik op die vraag antwoord zou geven. De vraag was eenvoudig genoeg om die te begrijpen, maar erg moeilijk om er antwoord op te geven.

Hij vroeg alleen maar: *'James, wiens zoon ben jij?'*

Als Hij een andere vraag had gesteld, of als Hij de vraag op een andere manier had gesteld, zou ik de vraag gemakkelijk hebben kunnen beantwoorden. Als Hij had gezegd: 'James, wie is je vader?' Dan had ik kunnen zeggen: 'Bruce Jordan is mijn vader.' Daar is geen enkele twijfel over. Bruce Jordan *is* mijn vader. En ik had dan kunnen antwoorden: 'Dat is Bruce. Bruce Jordan is mijn vader.' Maar Hij vroeg me niet wie mijn vader was. Hij vroeg me *wiens zoon* ik was. En ik besefte, dat toen Hij die vraag stelde, ik lang geleden *gestopt was* met een zoon te zijn van mijn vader.

Het sluiten van mijn hart voor mijn pa

Ik weet nog heel goed, toen ik ongeveer tien jaar was, dat ik bij de kapper in de stoel zat om mijn haar te laten knippen. Ik zat met mijn armen op de armsteunen van de oude leren kappersstoel.

Iedereen in de stad waar ik woonde had op z'n minst één geweer om mee te jagen en om te kunnen deelnemen aan de schietwedstrijden die regelmatig werden gehouden. De kapper was de bekendste jager van de stad. Hij trok de heuvels in met niets anders bij zich dan zijn geweer en een deken om te slapen, een zak bloem en wat rijst en wat zout voor het eten, en dan bleef hij wekenlang weg. Maar mijn moeder was de beste schutter in de stad. Zij was een echte 'Annie Oakley.' Ze trok er op een middag op uit om konijnen te schieten en ze schoot ze allemaal recht door hun kop. Haar geweer heb ik nog steeds.

Terwijl hij mijn haar aan het knippen was, kwam er een man binnen die tegen hem begon te praten. 'Hoe is je hertenjacht pas geleden afgelopen?' vroeg de kapper. Toen gaf die man een antwoord dat mijn leven veranderde. Zijn commentaar was, dat zijn jachtpartij een fiasco was geweest, omdat de beroepsjagers maar een paar herten voor hem hadden overgelaten. Die hertenjagers waren aangesteld door de regering, om in de bergen te leven en de herten die overtollig waren af te schieten. Dat was het enige wat zij deden, een hut opzoeken en onder de rotsen slapen. Toen ik dat hoorde, begreep ik dat die rijksjagers betere jagers waren dan de beste jager in de stad, omdat zij alle herten hadden neergeschoten en geen enkele over hadden overgelaten voor de andere jagers. Vanaf dat ogenblik wilde ik niets anders dan op mijn eentje in de heuvels leven en herten neerschieten voor de regering.

Ik houd van de bergen, maar wat me vooral aantrok was het gevoel van vrijheid, het niet gebonden zijn door relaties, wat deze manier van leven in het vooruitzicht stelde. Ik had gemerkt dat mensen me pijn konden doen en ik dacht, dat als ik kon leven zonder mensen, ik zonder pijn zou kunnen leven. De meeste pijn had ik opgelopen door mijn vader. Toen ik over die regeringshertenjagers hoorde, maakte ik me in feite niet meer druk om school. Elke keer als ik mijn rapport kreeg zeiden mijn leraren tegen mijn ouders: 'James is de beste leerling in de klas, maar hij voert niets uit.' Ik kon goed meekomen en voor alle examens slagen zonder dat ik veel naar school ging. Ik bracht dus zoveel mogelijk tijd buiten school door. Ik zat alleen maar de tijd uit tot ik achttien zou zijn, en oud genoeg om een hertenjager te worden. In feite vonden ze het goed dat ik al begon toen ik zeventien was. Ik was zo verwond geraakt door mijn vader, dat ik mijn hart voor hem had toegesloten voordat ik tien jaar was. Vanaf dat ogenblik was ik geen zoon meer voor hem geweest.

Maar toen de Heer mij confronteerde met die vraag: 'James, wiens zoon ben jij,' wist ik meteen dat Hij een naam wilde horen. De vraag was buitengewoon specifiek. *'James, wiens zoon ben jij? Noem een naam!'*

Het eerste wat er in mijn gedachten opkwam was om tegen Hem te zeggen: 'Ik ben de zoon van Bruce Jordan.' Maar meteen besefte ik dat ik dat niet kon zeggen, omdat Hij naar mijn hart keek en Hij wist dat ik geen zoon was geweest voor mijn vader.

De vraag rakelde enkele diepe dingen in me op. In de voorafgaande maanden had ik het Boek Johannes gelezen en was ik getroffen door wat Jezus had gezegd over Zijn relatie met Zijn Vader. Ik had elke uitspraak die Hij had gedaan onderstreept. Uitspraken als: *'Ik heb vreugde in het doen van Uw wil'*, en: *'Ik heb voedsel waar jullie geen weet van hebben. Mijn voedsel is de wil van Mijn Vader te doen en Zijn werk te voltooien.'* Plotseling besefte ik dat het doen van de wil van Zijn Vader Jezus zoveel voldoening gaf, dat Hij zelfs geen fysieke honger had. En toen ik naar mijn relatie met mijn vader keek, begon ik te zien dat die totaal anders was. Ik begreep, dat wat de Heer in feite tegen me zei was: 'James, voor wie ben jij een zoon geweest, zoals Jezus een Zoon voor Mij is geweest?' Dat vroeg Hij in wezen.

De Heer sloeg de spijker op z'n kop, als voorbereiding van mijn hart om de liefde van de Vader te ontvangen. Mijn houding naar mijn aardse vader was een enorme blokkade in mijn hart voor het ontvangen van het Vaderschap van God.

Mijn Pa

Een van de herinneringen aan mijn vader die is blijven hangen, was dat hij er gewoon erg goed in was om ruzie te zoeken, vooral als hij dronken was, en dat was hij vaak. Het maakte niet uit wat je zei, hij was altijd contra en provoceerde. Hij was gewoon een ruziezoeker. Toen ik nog een kleine jongen was begreep ik niet dat mijn vader problemen had, waarin hij gevangen zat. Ik dacht gewoon dat hij me haatte. Hij daagde me zo erg uit dat ik mijn zelfbeheersing verloor en door het lint ging van boosheid en frustratie. Wanneer hij het liet aankomen op ruzie, was het enige wat ik hem hoorde zeggen, dat ik stom was. *'Er is een steekje bij je los. Je bent een idioot. Je bent niet goed genoeg voor mij. Ik moet jou niet. Je bent niet goed bij je hoofd. Jij kan niet goed denken. Je deugt niet!'* Vanaf die tijd heb ik iets geleerd over ruziemaken. Ruzie zoeken heeft niets te maken met het onderwerp. Het onderwerp waar het om gaat is alleen maar een stuk gereedschap, dat een ruziezoeker gebruikt om de baas te spelen. Ruzie zoeken is in feite een strijd om de macht.

Ongetwijfeld had mijn vader te maken met een aantal problemen. Ik ook trouwens, maar ik was nog maar een kleine jongen. En als hij de kracht van zijn stem als volwassene gebruikte, het denken van een volwassene, en de macht van zijn persoonlijkheid tegen me, kwam het voor dat ik kastdeuren gewoon uit hun scharnieren trapte. Ik kreeg een rood hoofd, ging met deuren slaan en rende de deur uit, de heuvel achter ons huis op, al schuimbekkend en huilend, totdat ik van binnen tot rust kwam. Dan klom ik door het raam van mijn slaapkamer naar binnen om naar bed te gaan. Niemand nam poolshoogte om te zien of ik teruggekomen was of niet. Dagenlang hing er een gespannen sfeer in huis. Langzamerhand zakte het, tot de volgende ruzie. Omdat ik op die manier opgroeide sloot ik mijn hart voor mijn vader.

Vergeven is een daad van je wil

Vlak nadat ik christen was geworden kwam er een man spreken in onze gemeente. De boodschap die hij bracht kwam in feite hierop neer: *'Je moet anderen die tegen jou hebben gezondigd vergeven. Als je hen niet vergeeft, zal God jou ook niet vergeven.'* Ik begreep wat hij zei. Ik had die tekst al vaak gelezen. Maar ik legde het uit als iets wat betrekking had op je eeuwige zekerheid. Door niet te vergeven zou je je behoudenis kunnen verliezen. Ik kon me niet voorstellen dat deze tekst iets anders zou kunnen betekenen.

Als er één onderwerp is waar ik me druk over maak, dan is dat het wel! Ik geloof, dat heel veel mensen over de hele wereld misleid zijn geworden over wat *vergeving* eigenlijk is. Veel christenen denken dat ze iemand hebben vergeven, terwijl ze dat in hun hart niet hebben gedaan. Ze geloven dat het probleem is opgelost, omdat ze vergeving hebben geschonken op de manier zoals ze dat hebben geleerd. Toen ik naar deze spreker luisterde, kwam ik zwaar onder druk te staan om mijn vader te vergeven, omdat ik anders mijn behoudenis zou kwijtraken. Ik zat in de val! Ik wilde de zaal verlaten, maar dat lukte me niet. Ik dacht, dat als ik de ruimte zou uitlopen, ik mijn christen-zijn vaarwel zei. Dus bleef ik daar en de spanning werd erger en erger.

De harde werkelijkheid was dat ik mijn vader niet wilde vergeven. Geen haar op mijn hoofd die erover dacht hem te vergeven. Maar de spreker hield voet bij stuk dat ik het moest doen.

Het gaat niet om je wil

Tenslotte, aan het eind van de samenkomst, zei hij: 'Wil iedereen die iemand iets moet vergeven nu naar voren komen.' Dus ging ik naar voren, nog steeds met mezelf in tweestrijd, en een van de oudsten kwam naar me toe. Uiteindelijk, na een hele poos, waarin ik niet in staat was om zover te komen dat ik de woorden zou uiten om mijn vader te vergeven, zei hij tegen me: 'James, gebruik je wil.'

Toen hij dat zei, wist ik dat dit de sleutel was voor mij om de ruimte te kunnen verlaten, omdat ik wel wist hoe ik mijn wil moest gebruiken. Ik heb soms meegemaakt dat ik in de bergen was, en dat het erg slecht weer werd. De rivieren traden buiten hun oevers, ik was doorweekt en had het koud. Als je in zo'n situatie zat, en je niet voor donker een hut had gevonden, zou je het zeer waarschijnlijk niet overleven. Dus viel je terug op je wil en trotseerde je de wind en de regen om die hut te bereiken. Dergelijke situaties zijn zo reëel, dus ik wist wat het inhield om je wil te activeren. Toen die oudste dat dus zei, sloot ik mijn gevoelens af en zei: 'Ik vergeef mijn vader, in Jezus' Naam.' Dat gaf me zo'n opluchting. De tranen stopten. Ik was gelukkig. Ik voelde dat mijn eeuwig behoud verzekerd was.

Toen ik die dag terugkwam in de kapel, nadat de Heer had gevraagd wiens zoon ik was, besefte ik dat ik nog steeds problemen had in mijn hart ten aanzien van mijn vader. Ik was geen zoon voor hem geweest. Ik had geen relatie met hem. Ik wilde niet eens een relatie met hem hebben. De ruzies tussen hem en mij vonden nog steeds zo nu en dan plaats. Ik besefte niet, tot die dag, dat mijn eerdere uitspraak over vergeving niets anders was dan een laagje vernis.

Veel mensen hebben zich laten verleiden om te geloven dat vergeving een keuze is. Het is mogelijk dat het als een keuze begint, maar dat is niet echt wat vergeving is. De woorden: 'Ik vergeef je', die alleen worden uitgesproken als daad van je wil, zullen niet leiden tot echte vergeving.

Ik wil even stoppen met het vertellen van mijn verhaal over wat er in de kapel gebeurde tot het volgende hoofdstuk en ingaan op de kern van wat ik in dit hoofdstuk wil duidelijk maken.

Vergeven door je wil, tegenover vergeven vanuit je hart

Veel mensen denken dat ze vergeving hebben geschonken, gewoon omdat ze een keuze hebben gemaakt. Ze hebben hun wil gebruikt en woorden van vergeving uitgesproken.

Het woord 'vergeving' is zo'n cliché geworden, dat de meeste christenen zonder er verder bij na te denken ervan uitgaan dat ze weten wat vergeving is. Wat ik hier wil zeggen in dit gedeelte, is heel iets anders. In feite heb ik nog nooit iemand anders horen zeggen, wat ik nu ga zeggen.

Laten we eens kijken naar Mattheüs hoofdstuk 18. Het eerste gedeelte van het verhaal begint in vers 21, toen Petrus aan Jezus een vraag stelde over vergeving. Er staat: *'Toen kwam Petrus en zei tegen*

Hem: 'Heer, hoe vaak zal mijn broeder tegen mij zondigen, en moet ik hem vergeven? Zeven keer?"

Dat was de vraag die Petrus stelde. Eigenlijk zei hij: 'Heer, tot hoever gaat vergeving eigenlijk? Hoe veel keer moet ik het doen?'

Ik bespeur terughoudendheid bij Petrus door de manier waarop hij de vraag stelde. Zeer waarschijnlijk had Petrus de genade en barmhartigheid gezien die Jezus demonstreerde voor de vrouw die op heterdaad was betrapt op overspel, en in meerdere andere gevallen waar dat gebeurde. Toen de man door het dak naar beneden werd gelaten, waren de eerste woorden van Jezus: *'Zoon, je zonden zijn je vergeven.'* De man had niet eens om vergeving gevraagd! Petrus was er getuige van geweest dat Jezus zonden vergaf en genade betoonde op een zeer bevrijdende en edelmoedige manier. Hij moet dat vaak hebben gezien, terwijl hij dacht: 'Jezus, tot hoever gaat dat? Hoe kan je vergeving rijmen met de eisen van de Wet?' Toen Petrus deze ongelooflijke vraag stelde, werd openbaar wat er in zijn hart zat. Het antwoord van Jezus was: *'Ik zeg niet tegen jou dat je het zeven keer moet doen, maar zeventig maal zeven keer.'*

Ik geloof nooit dat Jezus bedoelde dat Petrus precies vierhonderdnegentig keer moest vergeven, en dat hij er daarna vanaf was. Eigenlijk zei Jezus dat vergeven eindeloos is. Hij bracht aan het licht dat Petrus er geen idee van had wat vergeven in feite inhield.

Zoals men tegenwoordig naar vergeving kijkt, zou dat betekenen dat dezelfde persoon voor dezelfde zonde zeven keer vergeven buitengewoon moeilijk zou zijn. Als iemand tegen je zondigt, doet dat altijd zeer. Het heeft altijd pijn tot gevolg op de een of andere manier. Als je iemand dus vergeeft en hem elke keer vrijuit laat gaan, zal dat iedere keer meer pijn doen. In de meeste gevallen zullen we die persoon tot de orde roepen na de tweede of derde keer, en de vriendschap zou voorbij zijn. Toen Petrus dus zei: 'Heer, zeven keer', dacht hij dat hij erg vroom was. Maar in werkelijkheid toonde het aan dat hij er niets van begreep. De barmhartigheid en vergeving waar Jezus het over had, lagen op een volkomen ander niveau.

Liefderijke barmhartigheid

Om te laten zien wat Jezus bedoelde gaan we kijken naar Micha 6:8. Veel mensen hebben posters aan de muur hangen met deze tekst:

'Hij heeft u laten zien, o mens, wat goed is; en wat de Heer van u verlangt: Niets anders dan recht te doen, goedertierenheid lief te hebben, en ootmoedig te wandelen met uw God.'

Goedertierenheid lief te hebben! Goedertierenheid is een hart dat uitziet naar het in vrijheid stellen van iemand die schuldig is. Het is vergeving schenken. God verlangt ernaar dat we *houden* van vergeving schenken. Het is niet iets wat je moet doen, maar iets wat je *graag* doet. Het soort hart dat God graag ziet is een hart dat er van *houdt* om vergeving te schenken.

Als je ergens van houdt, kun je het eindeloos doen. Dan zal je het elke keer doen zodra je er de gelegenheid voor krijgt. Ja, je zult zelfs uitkijken naar gelegenheden om het te doen. Toen Petrus vroeg: 'Heer, hoe vaak moet ik mijn broeder vergeven, als hij tegen mij zondigt', zei hij eigenlijk: 'Dat is *zwaar werk*. Daar houd ik niet van, ik vind dat moeilijk. Ik wil niet vergeven.' Maar *Jezus* antwoordde: 'Petrus, je hebt er geen flauw idee van wat vergeving schenken eigenlijk betekent.'

Jezus ging verder en vertelde een verhaal om Petrus te helpen het verschil te zien. Dat punt hebben wij vaak over het hoofd gezien. Petrus begreep eigenlijk niet wat vergeving schenken was. Hij dacht dat het tot stand kwam doordat je een beslissing nam die inging tegen wat je die persoon *werkelijk* zou willen aandoen. Ik heb vaak gesproken met mensen die tegen me zeiden: 'Iemand heeft mij dit aangedaan en ik denk dat ik hem nu elke dag van mijn leven moet gaan vergeven.' Ja, vergeving schenken is een proces. Het kostte mij zes maanden om hiermee klaar te komen met mijn vader. Ik zeg niet dat het geen proces is, omdat daar wel degelijk sprake van is. De Heer wees me op deze teksten in Mattheüs, zodat ik zover zou komen, dat ik mijn vader zou vergeven op de manier die Hij van me verlangde. Hij wil dat we vooruitgang boeken. Van kiezen om te vergeven, naar vergeven vanuit liefde, en dan aan te komen op een plek waar we *er van houden* om vergeving te schenken. Om verder te komen dan vergeven vanuit je wil, totdat je eindeloos kunt vergeven, vanuit een hart dat *er van houdt* om te vergeven.

In de meeste kerken wordt tegenwoordig onderwezen dat vergeven te maken heeft met het maken van een keuze, dat het een daad is van je wil. Daar is Jezus het niet mee eens. Hij zegt dat vergeving schenken een zaak is van je hart.

Vergeving is het kwijtschelden van schuld

Omdat Jezus besefte dat Petrus vergeven alleen maar zag als een streng bevel, vertelt Hij in dit gedeelte een verhaal om de zaak duidelijk te maken, en Petrus te leiden naar een vorm van vergeving schenken waarvan hij zou houden, en die uit zijn hart zou voortvloeien. Ik zal het verhaal in mijn eigen woorden weergeven.

Er was eens een koning die een dienstknecht had die een grote som geld achterover had gedrukt van zijn koninkrijk. Of hij dat had gedaan door te gokken, verkeerde investeringen had gedaan, of alles er doorheen had gejaagd, het was er niet meer. Toen dat ontdekt werd, smeekte hij de koning om vergeving. De koning vergaf hem en schold hem de schuld kwijt.

Die dienstknecht vertrok toen hij iemand tegenkwam die hem een klein bedrag schuldig was. De man smeekte ook om vergeving voor dat kleine bedrag, maar de man die zo'n enorm bedrag aan schuld was kwijtgescholden, wilde die persoon niet vergeven en liet hem in de gevangenis zetten, totdat hij het had terugbetaald. De koning hoorde daarvan en riep de dienstknecht bij zich en zei tegen hem: 'Ik heb jou dat allemaal vergeven, en jij vergeeft iemand geen klein bedrag!' Daarom gooide de koning hem in de gevangenis, waar hij werd gepijnigd en gemarteld.

Dat is het verhaal. In vers 3 staat: *'Zijn meester werd woedend en gaf hem over aan de folteraars, totdat hij zijn hele schuld terugbetaald zou hebben.'* Daarna zei Jezus iets, wat waarschijnlijk het ergste commentaar is in het Nieuwe Testament: *'Zo zal ook Mijn hemelse Vader met u doen, als niet ieder van u van harte de misdaden van zijn broeder vergeeft.'* Met andere woorden, je zult gekweld worden, totdat je vanuit je hart hebt vergeven. Jezus vertelde dit verhaal met één bedoeling. Hij wil ons leren hoe je echt vanuit je hart kunt vergeven.

Uiteindelijk moeten we zover komen, dat we kunnen *vergeven vanuit ons hart.* Maar het zit zo, dat *je wil niet je hart is.* Jouw wil is iets dat van jou is. Je hart dat ben je *zelf.* Dat weten we omdat je je wil kunt beheersen. Je kunt beslissen om je wil te gebruiken om iets wel of *niet* te doen. Veel mensen die besloten hebben om te vergeven, maar niet om dat te doen vanuit hun hart, worden nog steeds gekweld, doordat zij denken: *'Dit kan niets te maken hebben met vergeving, want ik heb al vergeving geschonken. Ik heb die keuze al gemaakt, dus wat mij betreft is de vergeving klaar. De problemen die ik nu nog heb, kunnen niets te maken hebben met vergeving, omdat ik al vergeving heb geschonken, zoals mij is geleerd.'* Maar vergeving *is* nog steeds een punt in hun leven, omdat ze geloven dat ze ermee klaar zijn in hun leven.

Laten we dus nog eens kijken naar het verhaal dat de Heer vers voor vers met me doornam, om me te helpen mijn vader te vergeven. Jezus zei:

'Daarom kan het Koninkrijk der hemelen vergeleken worden met een zekere koning die afrekening wilde houden met zijn slaven.'

Toen ik dat vers las, sprak de Heer heel duidelijk en eenvoudig tot me: *'James, nu je dit verhaal gelezen hebt, stel jezelf eens even in de plaats van de koning.'* Deze koning moet iemand vergeven, dus willen we begrijpen hoe het werkt voor ons, dan moeten we onszelf in de plaats van de koning stellen.

Wanneer ik mezelf op de plaats van de koning stel, zou mijn vader de dienstknecht zijn die zoveel van mij heeft gestolen. Deze koning besloot, om onbekende redenen, om alle rekeningen van zijn koninkrijk te vereffenen en de schulden kwijt te schelden. Alles wat er scheef was, maakte hij in orde. Hij wilde dat alle verborgen dingen in de openbaarheid kwamen en in orde zouden worden gebracht. Hij wilde dat zijn koninkrijk rechtvaardig zou zijn.

Nu je dit leest, zou jij jezelf op de plaats van de koning kunnen stellen. Je zou kunnen zeggen: 'Heer, ik wil dat alle rekeningen in mijn leven vereffend worden. Als er dingen zijn die nog niet echt vergeven zijn, wilt U me dan laten zien welke dat zijn. Als ik me heb laten misleiden of als ik het niet in de gaten heb gehad, Heer, wilt U ze dan nu onder mijn aandacht brengen, zodat we er iets aan kunnen doen? Heer, Ik wil dat de rekeningen van mijn koninkrijk vereffend worden.'

Het verhaal gaat verder: *'Toen hij begon af te rekenen, werd er iemand bij hem gebracht die hem tienduizend talenten schuldig was.'* Dat was naar hedendaagse maatstaven ongeveer gelijk aan bijna miljoen euro! Deze dienstknecht was blijkbaar een betrouwbaar persoon, die een invloedrijke betrekking bekleedde in het koninkrijk.

De ergste zonden, die ons het meest verwondden, werden meestal toegebracht door mensen die ons na aan het hart liggen, mensen die we vertrouwden. Over het algemeen, als je iemand niet vertrouwt, wat ze jou dan aandoen, bevestigt dan wat je al verwachtte, maar als je hen vertrouwt, beschadigt dat je nog ernstiger. Deze man stond dichtbij het hart van de koning. Hij werd vertrouwd en nu kwam men erachter dat hij geld van zijn meester had gestolen.

Daardoor komt het, dat het pijn doet wanneer iemand tegen je zondigt. Want als ze tegen je zondigen, pakken ze altijd iets van je af. Er wordt iets van je geroofd.

Je hoeft niet lang in de bediening te hebben gestaan, om te hebben gezien dat tegen sommige mensen op een afschuwelijke manier is gezondigd. De schade die is toegebracht aan hun leven vanwege wat iemand anders heeft gedaan, kan zeer zeker verwoestend zijn. Als iemand tegen je zondigt, pakken ze altijd iets van je af.

Denise en ik spraken een keertje in Minnesota een vrouw die drie-en-tachtig was. Toen ze drie was, werd ze verkracht. Ze dacht niet dat het te maken had met waarvoor ze bij ons was gekomen om daar met ons over te spreken. Haar probleem was dat ze al vijf keer getrouwd was geweest en elke keer was haar man van haar gescheiden. Ze had een gebroken hart, vanwege die mannen, die van haar hadden gehouden, en die haar allemaal hadden verworpen. Ze hadden allen dezelfde dingen gezegd, namelijk dat ze niet in staat was om liefde te tonen als echtgenote, en daardoor verwierpen ze haar. Toen we haar verhaal hoorden, ontdekten we dat ze verkracht was toen ze drie was. Ze was niet in staat te zien wat voor ons steeds duidelijker werd. Dat haar huwelijksproblemen te maken hadden met oorzaak en gevolg, en dat ze een leven leidde met een erfenis van misbruik als kind.

Wat er met haar gebeurd was toen ze drie was, had iets van haar vrouwelijkheid kapot gemaakt, van haar vrouw-zijn. Het had haar beroofd van de mogelijkheid om op een liefdevolle manier lief te hebben en te genieten van een relatie. Dat was haar ontnomen. Later kwam ik erachter dat wat er van haar was gestolen, niet alleen haar vrouw-zijn as, maar dat er nog veel meer dingen speelden. De ervaring van het hebben van een gelukkig huwelijk en kinderen was van haar geroofd. De mogelijkheid dat ze ooit oma zou worden was haar ontnomen. Elk profijt van het hebben van een stabiel huwelijk in haar leven was van haar gestolen. Nu ze drie-en-tachtig jaar was, bezat ze geen van al deze dingen. Die waren haar afgenomen toen ze een kind van drie jaar was.

Ik sloeg mijn armen om haar heen en vroeg de Vader te komen en Zijn liefde in dat deel van haar hart dat drie jaar was, uit te storten en die wond te genezen. Die dag vond er een wonder plaats. Deze bejaarde vrouw begon plotseling te giechelen als een meisje van drie jaar. Ze moest onbedaarlijk giechelen van blijdschap. En toen keek ze ons aan met een ernstig gezicht en zei: 'Waarom duurde het zo'n lange tijd voordat God me genas?' Ik had geen antwoord op die vraag. Het enige wat ik tegen haar kon zeggen was: 'Nou, beter laat dan nooit, hè?' Toen ze dat hoorde, begon ze weer te giechelen,'Ja! Beter laat dan nooit!' Het was echt iets om blij over te zijn voor haar om dat te horen. Ze was genezen.

Als men tegen ons zondigt, dan steelt men *altijd* iets van ons.

Als we niet weten wat er gestolen is, kunnen we de schuld niet kwijtschelden.

Veel mensen maken een snelle en oppervlakkige verontschuldiging als ze iets verkeerds hebben gedaan: 'Broeder, het spijt me. Vergeef me alsjeblieft.' We weten dat je dat moet doen als christen! En de christelijke reactie daarop is: 'Ik vergeef je.' En dan denken we dat het klaar is. Maar in de meeste gevallen wordt de relatie zo nooit genezen. De relatie wordt niet hersteld, maar omdat we woorden van vergeving hebben uitgesproken, komen we er niet achter wat er verkeerd zit. Vanwege deze reden zijn er heel wat oppervlakkige relaties in het Lichaam van Christus Wonden in het hart die nooit zijn genezen. *Als we niet beseffen wat er gestolen is kunnen we de schuld niet kwijtschelden.*

In dit verhaal werden er tienduizend talenten gestolen. Wilde de koning vergeving schenken, dan zou hij een schuld van bijna een miljoen euro moeten kwijtschelden. Dat is heel veel geld.

Vanuit je hart vergeven kost je wat

Laat me de gang van zaken als volgt voorstellen. Stel je voor dat ik op een dag bij je langskom en 20 euro van je wil lenen. Ik kom bij je huis aan, maar je bent er niet. De deur staat echter open en ik zie je portemonnee op tafel liggen. Ik kijk even om me heen en denk bij mezelf: 'Als hij er zou zijn, zou hij het me geven. Hij is mijn vriend. Dus pak ik het gewoon.' Ik ga dus naar binnen en neem die 20 euro mee en geef die uit, klaar is Kees.

Wanneer jij later thuis komt, heb je meteen in de gaten dat er 20 euro weg is. Je denkt: 'Iemand heeft het gestolen! Ik had de deur niet open moeten laten staan.' Maar de volgende dag overtuigt de Heilige Geest me en besef ik dat ik heb gezondigd. Ik had het niet geleend. Ik had het gewoon gestolen. Dus ga ik terug naar jou en zeg: 'Broeder, het spijt me, maar gisteren, toen jij er niet was, ben ik bij je binnen geweest en heb ik 20 euro meegenomen uit je portemonnee en die heb ik uitgegeven. Ik heb het niet meer. Wil je me vergeven?'

Nu kan je kiezen, maar de keuze zal een emotioneel staartje hebben, omdat je misschien emotioneel aan die 20 euro verbonden bent. Als je die 20 euro wil laten voor wat het was, moet je de schuld kwijtschelden. Als je mij niet wilt vergeven, dan zal ik het moeten terugbetalen. Niet vergeven betekent dat de zondaar er ten volle voor moet boeten. *Vergeving wil zeggen dat je de schuld kwijtscheldt.* Het punt wat vergeving schenken zo moeilijk maakt, is het feit dat degene die geen blaam treft ervoor moet opdraaien. Zo is het altijd gegaan. We zien dat bij Jezus. Het feit dat Hij de zondaar vergeving heeft geschonken, heeft Hem Zijn leven gekost! Vergeving schenken en barmhartigheid tonen gaan in feite tegen de gerechtigheid in. Het zal jou 20 euro kosten als je mij vergeeft.

Het mooie van vergeving schenken is dit: als we iemand vergeving schenken, zullen we meer op Jezus lijken. Als we een schuld kwijtschelden, als wij voor de zonde van een ander opdraaien, dan raken we meer betrokken en verandert dat ons, zodat we meer op Hem gaan lijken.

Je zou kunnen gaan denken: 'Wat stelt 20 euro nou voor tussen James en mij? Hij is toch niet zo'n kwaaie kerel. Hij heeft gewoon een foutje gemaakt. Oké, ik scheld hem die schuld kwijt.' Dus zeg je: 'Oké, ik vergeef je.' Ik loop weg en ben vrij. Die schuld hoef ik nooit meer terug te betalen.

Nu ga ik dit verhaal wat veranderen. Als ik je huis binnenga en je portemonnee opendoe om 20 euro eruit te halen, zie ik je VISA card zitten. Maar ik zie ook dat je je Pincode op de achterkant hebt staan. Dus pak ik de VISA card en het biljet van 20 euro en gaat naar de bank en haal 1000 euro van je bankrekening af, en stop de VISA card weer in je portemonnee. Ik neem de 20 euro ook mee en geef het allemaal uit. Alles. De dag erop krijg ik schuldbesef. Maar als je thuiskomt, zit de VISA card nog steeds in je portemonnee, en je mist alleen maar die 20 euro. Van die 1000 euro weet je niet af, tot een tijdje daarna, als je je rekeningoverzicht bekijkt.

De keer daarop, wanneer de Heilige Geest me ervan overtuigt, kom ik bij je en zeg tegen je: 'Broeder, het spijt me, maar gisteren heb ik wat geld van je gepikt. Wil je me vergeven?' Let er even op dat ik geen bijzonderheden vermeld over dat ik de VISA card heb meegenomen, waardoor jij denkt dat het alleen maar gaat om 20 euro. In werkelijkheid heb ik 1020 euro gestolen, maar ik vraag je om mij te vergeven voor wat ik allemaal heb gestolen. Als ik dus zeg: 'Broeder, ik heb geld van je gestolen. Wil je me vergeven?' En jij zegt: 'Wat stelt 20 euro nou voor tussen James en mij? Oké, James, ik vergeef het je.'

Ik wil je een vraag stellen. Heb ik vergeving ontvangen? Nee! Ik heb *geen* vergeving ontvangen.

Je kunt mij niet vergeven, tenzij je weet wat er is meegenomen! Je hebt mij vergeven voor wat betreft die 20 euro, maar wanneer je je rekeningoverzicht te zien krijgt, zal je weer het hele proces opnieuw moeten doorgaan. En dan zal het je emotioneel veel meer raken nu het gaat om 1000 euro meer dan die 20 euro. Dit raakt je leven veel directer. Misschien was die 1000 euro bestemd voor jouw vakantie of voor iets wat heel belangrijk was voor je. 1000 euro is geen klein bedrag, dus zal het in je hart een groter probleem worden om mij dat te vergeven.

Snap je, voor velen van ons, als we iemand iets hebben vergeven, staan we er nooit echt bij stil wat er nu eigenlijk is gestolen.

Daar kwam ik achter toen de Heer me meenam door het proces van vergeving schenken aan mijn vader. Toen ik daar voorin de kerk stond met die oudste had ik tegen hem gezegd: 'Ik vergeef mijn vader in Jezus Naam,' en toen ik die woorden probeerde te zeggen, kwam er zoveel pijn naar de oppervlakte. Maar nu ik deze verzen las, begon de Heer me bewust te maken van de onmacht van mijn vader om de vader te zijn die ik nodig had, en wat dat voor mij had betekend.

Ik begon te beseffen dat als mijn vader middenin een ruzie alleen maar tegen me had gezegd: 'Zoon, ik wil geen ruzie met je maken, ik houd van je. Je bent een goeie jongen. Je bent oké. Ik mag je graag. Je bent mijn zoon.' Dat zou een groot verschil hebben gemaakt. Maar hij bleef maar hatelijke opmerkingen maken. Net zolang totdat ik in woede zou uitbarsten.

Soms keek ik wel eens naar oude foto's uit de tijd dat ik nog een tiener was. Op iedere foto, zonder uitzondering, had ik mijn gezicht van mijn vader afgekeerd. Als ik naar mijn gezicht kijk op die oude foto's, krijg ik de neiging om te gaan huilen. Ik was een zielig, terneergeslagen kind. Had mijn vader gewoon maar eens zijn hand op mijn schouder gelegd als hij langs me liep, dan zou dat een enorm verschil hebben gemaakt in mijn leven. Als hij nu eens tegen mij had kunnen zeggen dat hij van me hield. Als hij nou eens naast me was komen zitten en alleen maar tegen me had gezegd: 'Zoon, hoe was het vandaag?' Mijn vader was geen slechte vader, maar hij was buitengewoon beschadigd door de Tweede Wereldoorlog. Als hij een betere vader had kunnen zijn, zou mijn leven beter zijn geweest. Mijn vader gebruikte nooit fysiek geweld, maar zijn woorden waren altijd wreed en snijdend. Ik begon te voelen wat ik erdoor had gemist, doordat mijn vader de man was die hij nu eenmaal was. En ik werd echt heel erg boos.

Mijn vader was niet in staat om terug te betalen

Toen God me door dit proces van kosten berekenen meenam, waren er momenten dat ik in het vliegtuig wilde stappen en terug naar huis wilde vliegen. Soms was ik zo kwaad, dat ik mijn vader een klap wilde geven. Ik was geschokt toen ik merkte dat er zoveel woede diep in mijn hart verborgen lag. Ik voelde me zo kapot. Ik begon in aanraking te komen met de werkelijke kosten van het onvermogen van mijn vader om de vader te zijn die ik nodig had.

Als we verder gaan met het verhaal in Mattheüs 18 – in vers 25 staat: *'En toen hij niet kon betalen, (dat slaat op de man die tienduizend talenten gestolen had), gaf zijn heer opdracht dat men hem zou verkopen, én zijn vrouw en kinderen en alles wat hij had, en dat de schuld betaald moest worden.'* Ik vond dat mijn vader gestraft moest worden. Als je niet wilt vergeven, eis je dat die andere persoon moet betalen voor wat hij heeft gedaan. Maar de woorden die er voor mij uitsprongen waren de eerste woorden van het vers: *'Omdat hij niet kon betalen.'* Deze man had een grote som geld gestolen en het was allemaal weg. Hij kon het niet teruggeven.

Na enkele weken kwamen deze woorden steeds weer bij me op: *'En toen hij niet kon betalen.'* En de Heer bracht me in herinnering wat ik over mijn vader had gehoord. Mensen met wie hij in de oorlog had opgetrokken, mijn ooms en tantes. Ik begon met andere ogen naar hem te kijken. Ik weet nog wat mijn tantes (zijn zusters) met een sneer over hem zeiden. Mijn vader moest het huis uit toen hij 16 was. Hij moest naar een stad die een heel eind verder lag, en hij mocht slechts één keer in het jaar naar huis terugkeren. Hij woonde bij een oudere dame in de buurt daar, waar hij werkte, en moest werk doen wat hij helemaal niet leuk vond. Er was daar helemaal niets te doen wat hem interesseerde. Als hij thuiskwam groette zijn moeder hem met een handdruk en zei een week later weer goedendag met een handdruk. Een paar jaar later vertelde hij me dat de enige persoon die ooit tegen hem zei: 'Ik houd van je,' mijn moeder was.

Toen hij zeventien was, begon de Tweede Wereldoorlog. Hij nam meteen dienst bij de Nationale Reserve om in opleiding te gaan en werd uitgezonden naar de eilanden in de Stille Oceaan. Daarna ging hij naar Egypte en maakte daar deel uit van de vooruitgeschoven geallieerde troepenmacht in Italië, waar hij bleef tot aan het einde van de oorlog. Hij vertelde eens dat hij er getuige van was geweest hoe zijn beste vriend zojuist door een voltreffer van een tankgranaat werd gedood. Ik weet nog dat hij zei: 'We hebben zelfs geen stukje kleding van hem kunnen vinden.' Hij was een verkenner bij de zware artillerie, die de vijandelijke posities moest lokaliseren, en om artillerievuur kon vragen, waarbij hij moest aangeven waar de granaten moesten neerkomen. Meestal zagen ze niet eens waar ze op hadden gevuurd, behalve op een keer, toen ze door een dorp moesten dat weggevaagd was. Hij zag stukken van ledematen van vrouwen en kinderen! Mijn vader was negentien en hoorde bij de soldaten die moesten aangeven waar de granaten moesten neerkomen in dat dorp.

Ik denk daar nog vaak aan terug en dan denk ik: 'Als ik God was geweest op die dag, en ik had het hart van mijn vader gezien toen hij in dat dorp kwam, wat zou ik dan voor hem hebben gevoeld?' Ik denk dat ik kwaad zou zijn geweest over wat er was gebeurd, en bedroefd zou zijn geweest over hem, vanwege wat zijn handen hadden gedaan en wat zijn aandeel moet zijn geweest. Mijn vader kwam terug uit de oorlog en wat hij nodig had was liefde. Hij trouwde al snel met mijn moeder en binnen enkele jaren hadden ze drie kinderen. Hij begon te drinken, alcohol, zoveel als hij maar op kon, omdat hij niet kon omgaan met de gevoelens die hem achtervolgden. Mijn vader leefde in onmin met de wereld binnenin hem, vanwege al het onrecht in zijn leven. Als gevolg daarvan maakte hij overal ruzie om, omdat er veel ontevredenheid in hem was. Hij had drie kinderen die vroegen om een liefhebbende vader. Maar hij kon geen liefde geven!

Toen ik die woorden las: *'En toen hij niet kon betalen'*, besefte ik dat mijn vader niet in staat was geweest om een vader te zijn. Hij kon geen liefde geven. Hij kon niet betalen wat hij mij schuldig was.

JE KUNT NIET IETS GEVEN WAT JE NIET HEBT

Snap je, je kunt niet iets geven wat je niet hebt ontvangen – en toch denken we soms dat iets zo eenvoudig is: 'Waarom kunnen ze dat niet? Het is zo simpel.' Maar als je het nog nooit hebt ontvangen, is het niet zo eenvoudig. Mijn vader had nog nooit iemand horen zeggen: 'Ik houd van je.' Er was nooit een vader geweest die zijn hand op z'n schouder had gelegd en zei: 'Ik ben trots op je, zoon.' Het enige wat hij in zijn hart had, was ruzie maken met de wereld. *Hij was niet in staat om te betalen.* Ik ging naar mijn vader kijken, als naar gewoon nog een menselijk wezen die had geleden, die niet volmaakt was en die, net zoals ik, niet wist om te gaan met wat de wereld hem voor de voeten had geworpen.

'En de heer van deze slaaf was innerlijk met ontferming bewogen, liet hem gaan en schold hem de schuld kwijt.'(v.27).

De meester *raakte bewogen*. Toen ik zag dat mijn vader gewoon niet de middelen had om mij te betalen, kreeg ik voor het eerst in mijn leven medelijden met mijn vader. Ik had het nooit eerder bekeken vanuit zijn gezichtspunt. Ik denk, dat als ik vanuit Gods gezichtspunt had kunnen kijken naar al die dingen die er hadden plaatsgevonden in het leven van mijn vader, dat ik me dan anders zou hebben gedragen naar hem toe.

DE WARE DIEF

Er is een vijand van onze ziel. Die vijand komt om te stelen, te doden en te vernietigen. Maar hij komt niet om je auto te stelen. Hij komt om je ziel te roven. Hij komt niet om je TV te stelen of iets anders. Hij komt om je persoonlijkheid te verwoesten. Hij komt om alle goede dingen in je te doden, al het goddelijke, al het vriendelijke, al het aangename, en al het zachtaardige. Hij komt om alles te vernietigen dat iets van God in zich heeft.

Als christen heb je een schild van geloof om de brandende pijlen van de vijand te doven. Ik besefte dat mijn vader nooit een schild heeft gehad, en dat alle brandende pijlen van de vijand hem konden treffen. Satan is door en door gewetenloos. Hij houdt zich nooit in, kent geen enkele maat in al het kwaad dat hij iemand wil aandoen. Hij zal de meest afschuwelijke dingen doen aan het meest pure en onschuldige kind. Hij had mijn vader aangevallen al vanaf het moment dat hij werd geboren, zelfs al voordat hij was geboren. Iedereen die jou ooit heeft pijn gedaan, heeft hij ook aangevallen. Hij heeft je vader en je moeder aangevallen op een manier waar jij geen weet van hebt gehad.

Hij heeft de potentie van hen gestolen om de persoon te worden waarvan ze hadden gedroomd, om te voorkomen dat ze de ouders zouden worden die jij nodig had.

Ik begon dus iets te begrijpen van het leven van mijn vader, en begon in te zien dat hij net zo iemand was als ik ben. Vechten tegen de wereld, zoveel mogelijk zijn best te doen, maar hij was niet bij machte degene te zijn die ik nodig had. Voor het eerst in mijn leven was ik met ontferming bewogen over hem. Voor het eerst in mijn leven bad ik voor mijn vader. En ik bad ongeveer als volgt:

'Heer, wilt U mijn vader zegenen. Ik wil dat hij gelukkig is. Ik wil niet dat hij deze schuld nog langer draagt. Ik wil niet dat hij zich niet geliefd voelt. Ik wil dat hij zich niet meer alleen voelt. Ik wil dat hij zich geliefd voelt. Ik wil dat hij leeft als iemand die vergeving heeft ontvangen voor de dingen in zijn geweten en al die dingen uit de oorlog waar hij last van heeft. Ik wil niet dat hij dat nog langer hoeft te dragen. Al die dingen die er de oorzaak van waren dat hij zoveel dronk om de pijn in zijn hart te stillen. Ik vraag U om hem al die dingen te vergeven, zodat hij die kan neerleggen en achter zich laten en vrij zijn. Heer, wilt U hem zijn zonden vergeven, wilt u hem alles vergeven. Ik wil ook niet dat hij zich schuldig voelt over de manier waarop hij geen vader voor me is geweest. Omdat het alleen maar toevoegt aan al die andere problemen in zijn leven. Ik wil dat hij bevrijd wordt van de gevoelens van mislukking als man, als vader, als echtgenoot. Ik wil dat hij vrij wordt!

Heer, ik wil dat hij gezegend wordt. Heer, ik vergeef hem met heel mijn hart. Wilt U hem vergeven?'

Toen ik dat gebed uitsprak, besefte ik dat ik echt wilde dat hij vergeving zou ontvangen voor *zijn* bestwil. Hij droeg zo'n last met zich mee en *ik wilde dat hij daarvan verlost zou worden*. Ik kan je wel zeggen, dat je met zo'n soort vergeving het *heerlijk zult vinden* om vergeving te schenken. Toen ik zei: 'Heer, ik vergeef hem met heel mijn hart,' gebeurde er iets grappigs, wat ik niet had verwacht.

Opeens voelde ik me ongelooflijk leeg. In mijn hart voelde ik me zo alleen en kwetsbaar. Ik voelde me als een kind dat totaal onbeschermd was. Als je niet uit je hart vergeeft, zit je nog steeds vast aan de persoon die jij schuldig acht. Als je hem loslaat, ben je leeg.

Ik vergaf mijn vader en schold hem de schuld kwijt. Ik zette hem vrij van al zijn verplichtingen als vader, van dat hij iemand had moeten zijn die hij nooit kon zijn. Ik hield ermee op dingen van hem te verwachten, omdat dat ook weer een last op zijn schouders zou zijn. Ik zette hem vrij van mijn hoop dat hij het ooit in orde zou maken met me. Opeens voelde ik me volkomen leeg en eenzaam. Ik voelde me als een kleine jongen die niemand had die hem zou kunnen beschermen.

Op dat moment, toen dat gevoel me overviel, kreeg ik een vreemd visioen. In dat beeld was ik een schoolmeester en stond voor een klas van ongeveer dertig kinderen. Ik gilde tegen die twaalfjarige kinderen: 'Wie wil een vader voor me zijn?' De kinderen keken me stomverbaasd aan. Ze waren nog maar kinderen. Hoe zouden zij nu een vader voor me kunnen zijn? Natuurlijk wisten ze niet wat ze moesten zeggen. En toen zag ik dat achter hen, achterin het lokaal, er een hand omhoog ging. Toen ik over al die hoofden heen keek, zag ik iemand tegen de muur geleund op de vloer zitten, het was onze hemelse Vader. Hij zei:' James, Ik zal een vader voor je zijn.'

Vanuit je hart vergeven is wanneer je hart die persoon loslaat, vrijzet en laat gaan. Als je hart nog vastzit aan iemand omdat je hem niet vergeeft, ben je niet vrij om verbonden te zijn met je hemelse Vader. God wil ons kennen van hart tot hart, zoals een vader doet. Als je je moeder of vader loslaat in je hart, is je hart pas echt vrij om een relatie aan te gaan met je hemelse Vader, Die zegt: 'Ik zal jullie ontvangen en een vader voor jullie zijn…en jullie zullen mijn zoons en dochters zijn.' (2 Korintiërs 6:17-18). Jouw hemelse Vader wil je door en door kennen, intiem. Het is mogelijk dat je nog steeds vastzit aan je ouders doordat je ze niet hebt vergeven. Dan wordt het tijd dat je ze gaat vergeven vanuit je hart, en ze loslaat.

HOOFDSTUK 4

Het hart van een zoon

~

Ik wil nu verder gaan met vertellen wat er op die ochtend in de kapel gebeurde. Dat was buitengewoon belangrijk in het mij binnen brengen in de ervaring van Vaders liefde.

Toen de Heer die schokkende vraag aan me stelde: 'James, wiens zoon ben jij,' was dat een ongelooflijke communicatie. Ik wist dat Hij vroeg: 'Voor wie ben jij een zoon geweest, zoals Jezus een Zoon is voor Mij?' Het had met zoveel andere dingen te maken, dat het even duurde voordat ik wist wat ik daarop moest antwoorden. Ik was met stomheid geslagen door die vraag van de Heer aan me, en ik probeerde na te gaan wat ik op die vraag moest antwoorden. Er kwamen twee kwesties tegelijkertijd bij me naar boven, net alsof er twee schijven razendsnel verschillende kanten opdraaiden, ging er van alles door mijn gedachten, in een poging om een antwoord te krijgen wat voor beide kwesties bevredigend zou zijn. Wat moest ik zeggen? Het was een zeer indringend moment en ik wist dat de Heer in staat was om te zien wat er zich in mijn diepste binnenste, in mijn hart, mijn geest en mijn gevoelens afspeelde, en ernaar keek. Als een schijnwerper keek Hij binnenin me, om te zien hoe ik zou reageren op Zijn vraag.

Het eerste dat bij me bovenkwam, als reactie op: 'James, wiens zoon ben jij,' was een naam te noemen, en de eerste naam die bij me opkwam was de naam van mijn vader. Ik dacht dat ik gewoon zou kunnen zeggen: 'Ik ben de zoon van Bruce Jordan', maar zodra die naam in mijn gedachten kwam, besefte ik, dat ik dat niet kon zeggen tegen de Heer, omdat ik al een hele tijd geleden was gestopt met een zoon te zijn van mijn vader. Natuurlijk was ik zijn zoon door geboorte, maar ik was geen zoon naar hem, zoals Jezus dat was geweest naar Zijn Vader. Dus moest ik dat uit mijn gedachten zetten en kwam snel met een ander antwoord.

De volgende persoon die in mijn gedachten opkwam was een oudste uit de gemeente waarin ik tot geloof was gekomen. Hij was een bijzondere man. Hij heette Ken Wright. Hij had al vele jaren in de Geest gewandeld. Hij was ook degene die mij had gedoopt. Ik weet nog dat ik een keertje zijn reisschema zag voor een zendingsreis van twee jaar rond de wereld. Hij zou niet langer dan vier dagen op dezelfde plek blijven tijdens die reis van twee jaar, waarin hij meer dan honderd verschillende landen bezocht. Als hij sprak dronken we zijn woorden in en de Geest stroomde over ons heen. We waren erg onder de indruk van hem. Hij had iets van een Vaderhart voor ons.

Dus, toen de Heer me de vraag stelde: 'James wiens zoon ben jij,' kwam de gedachte plotseling tot me, dat ik zou kunnen zeggen dat ik Ken Wrights zoon was, maar opnieuw, op het moment dat die gedachte bij me opkwam, wist ik dat ik dat niet kon zeggen, omdat ik (al had ik alles opgezogen wat ik maar kon van Ken), absoluut niet het hart van een zoon naar hem toe had. Jezus zei tegen Zijn Vader: 'Het is een vreugde voor me Uw wil te doen', maar ik had er nooit naar verlangd Ken te behagen. Ik nam alles op wat hij had gegeven om mijzelf een plezier te doen. Dus besefte ik, dat ik dat ook niet zou kunnen zeggen. Ik kan niet zeggen: 'Bruce Jordan'. Ik kan niet zeggen: 'Ken Wright', dus wie kan ik zeggen wiens zoon ik ben geweest?

De enige andere man die ik zou kunnen bedenken was Neville Winger. We noemden hem altijd 'Oom Nev'. Oom Nev had een bloeiende autohandel in Nieuw Zeeland en had alles verkocht om een boerderij te kopen op een eiland aan de kust van Nieuw Zeeland. Het was een bouwvallige oude boerderij op een heuvelachtig landgoed van 32 hectare, met een prachtige maar ook ruige kustlijn. Hij was met zijn vrouw Dot daar naartoe verhuisd. Jarenlang hadden ze moeilijke straatkinderen in hun huis opgenomen. Nev en Dot hadden een hart voor mensen en ze namen hen op in hun huis en probeerden met hen te werken. Hij had dus naar een plek gezocht waar hij die straatkinderen bij hen thuis zou kunnen opvangen. Hij wilde ook een conferentiecentrum en een opwekkingscentrum in Nieuw Zeeland stichten, en hij had die boerderij gekocht om zo zijn visie te kunnen vervullen.

Nev was een heel bijzonder iemand, een echte geestelijke vader in ons land. Als hij sprak kon ik echt met hem meegaan en ik overwoog om naar de Bijbelschool te gaan die hij had opgericht; en dat hebben we gedaan. Ergens hadden Nev, net als Ken, iets van het hart van een vader voor ons. Hij heeft uitgebreid over ons geprofeteerd, en na al deze jaren is het nog steeds van toepassing.

Dus dacht ik dat ik tegen de Heer zou kunnen zeggen: 'Ik ben Nev Winger's zoon.' Maar *opnieuw*, onder het licht van Gods schijnwerper, besefte ik dat ik dat niet kon zeggen. Als ik de waarheid zou moeten zeggen, moest ik erkennen dat ik nooit een 'zoon' voor hem ben geweest. Ik ben iemand die 'neemt', niet iemand die 'geeft'. Een ware zoon, zoals Jezus dat was, is altijd bezig met de dingen van zijn vader. Ik was nooit bezig met de zaken van mijn vader, *of* die van Ken Wright *of* die van Nev Winger. Ik stond er nooit bij stil over hoe ik een zegen zou kunnen zijn of deze mannen zou kunnen helpen. Ik had volledig het hart van een wees. Ik was me in allerlei bochten aan het wringen, om maar niet te hoeven erkennen: 'Heer, ik ben niemand zijn zoon, en ik *wil ook niet* de zoon zijn van iemand.' Ik kon dat gewoon niet toegeven, omdat er iets anders speelde. Toen ik mijn hart had toegesloten voor mijn vader, was ik het hart van een zoon volledig kwijtgeraakt.

De Geest van zoonschap

Wat is het hart van een zoon? Om dit te kunnen begrijpen gaan we eerst naar Galaten 4:4, waar staat:

'Maar toen de volheid van de tijd was gekomen, zond God Zijn Zoon uit, geboren uit een vrouw, geboren onder de wet, om hen die onder de wet waren, vrij te kopen, opdat wij de aanneming tot kinderen zouden ontvangen.'

Als we opnieuw worden geboren, worden we zonen en dochters van God, doordat we geadopteerd worden. Maar God gaat verder dan adopteren. Adopteren is nog maar de eerste stap. Paulus gaat verder,

'Nu, omdat u kinderen bent, heeft God de Geest van zijn Zoon uitgezonden in uw harten, Die roept: Abba, Vader!

Omdat je op wettige basis Gods zoon bent geworden, heeft Hij de Geest van Zijn Zoon uitgestort. Hij heeft die Geest in ons hart gelegd, de Geest die roept: *'Abba! Vader!'* Een geadopteerd kind roept niet: 'Abba! Vader! Ons menselijk hart roept niet: 'Abba! Vader!' Het is de Geest van de Zoon in ons, die roept: 'Abba! Vader!'

De Geest van Zijn Zoon is in ons hart uitgestort. Toen ik mijn hart toesloot voor mijn vader, raakte ik het hart van een zoon kwijt. Dus toen de Heilige Geest in mijn hart werd uitgestort, was er niet een overeenkomstig hart van zoonschap in mij. Omdat ik mijn hart had toegesloten als zoon, was de Heilige Geest niet in de gelegenheid om in mij het zoonschap tevoorschijn te brengen. Dit is een vitaal punt, wat de Heer in mij blootlegde, toen Hij die vraag stelde. Hij was op zoek naar een hart dat open stond voor zoonschap.

Jezus ervaarde dat, toen de Heilige Geest op Hem neerdaalde bij Zijn doop. Toen God verklaarde: *'Dit is Mijn geliefde Zoon, in Wie ik een welbehagen schep,'* daalde de Geest van zoonschap op Hem neer. Vanaf dat moment werd over de hele wereld uitgeroepen dat Jezus de Zoon van God is! Daarvoor was Hij Jezus van Nazareth, de zoon van Jozef en Maria, maar nu werd van Hem gezegd dat Hij de Zoon van God was. Dezelfde Heilige Geest Die op Jezus viel, is dezelfde Geest Die het zoonschap in ons schept.

Veel christenen hebben de Heilige Geest leren kennen als de Geest van adoptie, maar hebben Hem nog niet leren kennen als de Geest van het zoonschap. Daarom is het mogelijk dat we vervuld zijn met de Heilige Geest en toch niet het leven van zoonschap bezitten. Als de Geest wordt uitgestort in het hart van iemand die niet het hart van zoonschap heeft naar zijn eigen ouders toe, kan de Heilige Geest niet in die persoon werken als de Geest van een zoon. *De Geest van God moet een overeenkomstige harmonie in je vinden voordat het werkelijkheid in je eigen belevingswereld kan worden.*

Toen ik mijn hart toesloot voor mijn vader, verloor ik het hart van een zoon. Toen ik mijn hart toesloot voor mijn vader, had ik niet meer het hart van een zoon naar wat voor vader dan ook, dus ook niet naar God.

Mijn relatie met een Vader

Dat was mijn grote probleem. Er zijn heel veel mensen in mijn leven geweest die iets hadden van een hart van een vader voor mij, maar ik wist niet hoe ik daarmee moest omgaan. Ik had niet in de gaten, dat als je niet het hart van een zoon had voor je natuurlijke moeder en vader, dat je dan helemaal niet het hart van een zoon hebt, waardoor je geen relatie kan hebben met wat voor vader dan ook, *inclusief* God de Vader! Op dezelfde manier als Jezus tot je Heer maken, zo moet je ook het hart van een zoon of dochter hebben om een relatie met de Vader te hebben. Je moet het hart van een zoon of dochter hebben om een relatie met God de Vader te hebben.

Als je God de Vader wilt kennen, is er maar één manier om Hem te leren kennen. Hij kan niet een andere relatie hebben met jou, dan als je Vader. Velen van ons zijn ooit vader geworden, maar dat geldt *niet* voor God. Hij is *altijd* al Vader geweest en zal ook altijd Vader zijn. Hij heeft het universum geschapen, maar Hij is niet van nature een schepper. Scheppen is iets wat Hij doet, niet wie Hij wezenlijk is. Als jouw vader ingenieur is, bijvoorbeeld, ga je niet met hem om op basis van zijn beroep. In je relatie met hem ga je met hem om op basis van zijn identiteit. Hij gaat niet met ons om als een schepper. Hij gaat met je om als Vader, want dat is Hij. Vader zijn is de essentie van Zijn wezen. Jezus is gekomen om te openbaren dat Jahweh Papa is, dat Jahweh Vader *is*.

Ik geloof dat waarschijnlijk meer dan negentig procent van de mensen in de westerse wereld hun hart hebben toegesloten voor hun ouders. We gebruiken beschaafde uitdrukkingen ervoor, maar de realiteit van een intieme relatie is veel mensen vreemd.

Toen ik dus in die kapel was en de Heer die woorden tot me sprak: 'James, wiens zoon ben jij,' doelde Hij in werkelijkheid op mijn hartsgesteldheid. Daar kon ik geen antwoord op geven. Ik had moeten zeggen: 'Heer ik ben niemands zoon.' Maar ik vond het moeilijk om dat te zeggen. En ik zal je vertellen waarom.

Alle mannen van God zijn de zoon van iemand

Zo lang als ik al christen ben, heb ik verlangd een man van God te zijn, net zoals de gezalfde sprekers. Voortdurend bad ik: 'Heer, maak een man van God van me.' Toen ik op die dag in de kapel was, en probeerde op een naam te komen die ik zou kunnen noemen voor de Heer, begon er nog een proces in mijn hoofd rond te tollen. Het had te maken met een onderwerp dat ik heel erg fijn vond in die tijd. Toen ik nog op de Bijbelschool was, moest ik een studieonderwerp doen en dat ging over de chronologie in het Oude Testament. Toen ik bezig was met het onderzoek van de beroemde figuren in het Oude Testament, was er iets wat me voortdurend stoorde. Bijna al die helden werden beschreven als 'de zoon van...' Jozua, de zoon van Nun; Kaleb, de zoon van Jephuneh; David, de zoon van Isaï. Elke persoon over wie ik las werd aangeduid in termen van dat hij de zoon was van de een of ander.

Dat irriteerde me enorm. Waarom stond er niet: David, de dichter, de krijgsheer-koning? Waarom stond er niet Jesaja, de grote profeet? Waarom niet Kaleb, de man van geloof? Ik was zo op mezelf gericht, dat ik dacht: 'Waarom kunnen die lui niet op eigen benen staan? Waarom kunnen ze niet echte mannen zijn? Waarom moeten ze een pappie hebben op wie ze moeten leunen?' Dat liet zien hoe mijn eigen hart was ten opzichte van mijn vader.

Op die dag in de kapel, voelde ik dat God zei: 'James, Ik heb gehoord dat je Mij hebt gevraagd om een man van God van je te maken. Wil je een man van God worden? Is dat zo? Nou, *al* Mijn mannen van God zijn iemands zoon. Als je dus een man van God wilt zijn, James, wiens zoon ben jij dan?'

Jezus was de Zoon van een onvolmaakte man

Ik *wist* wat voor schade vaders kunnen toebrengen. Wisten die Bijbelse helden niet wat voor schade vaders zouden kunnen veroorzaken? Je moet wel gek zijn, om een zoon naar iemand te zijn! Ik wist dat Jezus de Zoon van God is, maar Hem zou ik kunnen vergeven omdat Zijn Vader volmaakt is. Volmaakte vaders zijn geen probleem; onvolmaakte vaders zijn het probleem! Toen besefte ik dat Jezus tot in eeuwigheid bekend zal staan als de Zoon van David. In feite is Zijn bediening gebaseerd op het koningschap van David, en David was geen volmaakte man!

Veel kerken zouden vanwege zijn misstappen David niet toelaten in een bediening of het bekleden van een gezagspositie in de kerk. Maar Jezus had er vrede mee dat Hij bekend stond als zoon van een onvolmaakte man! Dat vormde echt een uitdaging voor mij! Als Jezus in staat was om een zoon te zijn van een onvolmaakte man, dan betekende dat, dat er iets mis was met mijn gezichtspunt. Ik wilde niet een zoon zijn van een onvolmaakt iemand, maar Jezus vond het prima om bekend te staan als de zoon van een onvolmaakte man. Aan die realiteit kon ik niet ontkomen. Ik zat in de val!

Op dat moment wist ik het nog niet, maar die dag zou de rest van mijn leven bepalen. Uiteindelijk moest ik eerlijk zijn en erkennen: 'Heer, ik ben *niemands* zoon. En wat nog verder gaat, ik wil dat ook niet zijn. Het schrikt me af. Wilt U me helpen?' Toen ik zei: 'Wilt U me helpen,' verliet Zijn aanwezigheid meteen de kamer en was ik weer alleen op mezelf in de kapel. Ik voelde dat de Heer was begonnen met werken aan mijn probleem.

HET HART VAN ZOONSCHAP TERUGVINDEN

Na deze ontmoeting begon de Heer aan mij te werken om in mij het hart van een zoon te herstellen. Het eerste, zoals ik al schreef in het voorgaande hoofdstuk, was, dat ik in staat zou zijn om mijn Pa van harte te vergeven. Toen ik op dat punt was gekomen, was mijn hart vrij, maar daarna begon ik me af te vragen hoe het hart van een zoon in mij zou kunnen worden hersteld.

Ik wist niet hoe dat zou moeten gebeuren. Ik dacht erover na en bad er veel over, maar er kwam niets in me op. Hoe krijg je het hart van een zoon terug als je het bent kwijtgeraakt? Nou, als je iets bent kwijtgeraakt, waar zal je het dan terugvinden? Je zult het vinden op de plek waar je het bent kwijtgeraakt! Nietwaar? Je moet teruggaan naar waar je het bent verloren, daar zal het zijn. Zo eenvoudig is het.

Ik was dus het hart van een zoon kwijtgeraakt in mijn relatie met mijn vader. Daar had ik mijn hart toegesloten. Dus om het hart van een zoon weer terug te krijgen, dacht ik, moest ik iets met mijn vader doen, maar ik wist niet precies wat. Ik wist met geen mogelijkheid hoe ik het hart van een zoon terug kon krijgen. Na een poosje begon ik te beseffen dat ik maar één ding kon doen. Ik had mijn vader alles vergeven; wat hij wel en wat hij niet had gedaan. Maar ik wist ook dat ik hem had behandeld op een manier die niet goed was. Ik had mijn hart voor hem toegesloten. Ik zou vriendelijker kunnen zijn geweest en meer vergevensgezind. Ik zou dankbaarder kunnen zijn geweest en had hem meer kunnen eren. Ik had ervoor gekozen om mijn hart los te snijden van hem. En toen kwam het bij me op om hem een brief te schrijven en hem vergeving vragen voor al die dingen.

Toen ik nog thuis was, als kleine jongen, was het een van mijn taken om het gras te maaien achter ons huis. Dat deed ik nooit zonder dat mijn vader me onder druk moest zetten om het te doen. Ik heb het nooit uit mezelf gedaan en ik deed het nooit goed. Ik probeerde de hoeken te omzeilen en plekken over te slaan die nodig moesten worden gemaaid. Ik ging ook mijn verantwoordelijkheid uit de weg, door uit te gaan nadat ik was thuisgekomen uit school en dan weg te blijven tot het donker geworden was, zodat er geen tijd meer was om het gras te maaien. En ik was blij als het regende, want dan gebruikte ik dat als een excuus. Als het niet regende ging ik naar het riviertje om te vissen of paling te vangen. Uiteindelijk zette mijn vader me dan onder druk en dreigde me op verschillende manieren, zoals het afpakken van mogelijkheden om te gaan spelen, zodat ik met tegenzin en mopperend het gras ging maaien. Geen enkele keer deed ik het uit mezelf. Ik dacht dat ik hiervoor en voor andere zaken zijn vergeving zou kunnen vragen.

Maar hier was wel een moeilijkheid aan verbonden. Bij ons thuis zei niemand ooit dat hij ergens spijt van had, omdat dit als een teken van zwakte werd beschouwd. Niemand vroeg ooit vergeving en niemand zei ooit: 'Ik houd van je.' Dat waren allemaal tekenen van zwakte en dus was ik bang om mijn vader om vergeving te vragen, voor het geval dat hij het als een stok zou gebruiken bij de volgende ruzie.

De brief

Ik besloot een brief op te stellen, om te zien hoe die eruit zou kunnen zien, maar had niet het gevoel dat ik die ook zou versturen. Uiteindelijk kreeg ik het voor elkaar om in de brief te schrijven wat ik tot uitdrukking wilde brengen. Ik vroeg hem om vergeving vanwege het feit dat ik nooit het gras had gemaaid zoals hij wilde dat ik dat zou doen. Ik vroeg vergeving voor het feit dat ik me niet correct had gedragen tegenover hem. Ik vroeg vergeving voor dingen die ik tegen hem had gezegd. Ik vroeg vergeving voor het feit dat ik zo vaak dingen niet had gedaan, die hij vond dat ik moest doen. Aan het slot van de brief zei ik: 'Ik vraag u vergeving voor het feit dat ik mijn hart voor u heb toegesloten toen ik tien jaar was en dat ik geen zoon voor u ben geweest.' Toen legde ik de brief op de plank, waar ze twee weken lang bleef liggen, totdat ik het er met Jack Winter over had, die me kort antwoordde: 'Nou, Je kunt hem maar beter naar de brievenbus brengen!' En liep weg!

Ik voelde de druk! Ik kocht een envelop en een postzegel, schreef het adres erop, deed hem in de envelop en legde hem weer op de plank, waar ik hem een maand liet liggen. Ik wist dat toen ik die brief schreef erin stond wat ik wilde zeggen, maar ik wilde hem niet nog eens overlezen, omdat ik daarvoor terugschrok. Uiteindelijk wist ik dat ik hem moest versturen. Ik wist dat Jack me op een dag zou vragen of ik die brief nog had opgestuurd, en dan wilde ik kunnen zeggen dat ik het gedaan had, dus besloot ik de brief mee te nemen als ik een wandeling zou gaan maken. Ik verzekerde mezelf dat ik hem niet echt ging versturen. Ik zou alleen maar een wandeling maken naar de brievenbus.

Vlakbij waar we woonden was een rode brievenbus langs de weg. Ik liep er naartoe en stopte de brief in de gleuf en dacht: 'Als ik hem nu laat vallen, zal hij hem ontvangen.' Ik haalde hem er snel weer uit en liep terug. Ongeveer dertig stappen. Ik wist dat ik hem moest versturen. Ik liep terug, liet hem in de gleuf glijden – en liet hem vallen! Meteen kreeg ik het gevoel alsof ik een stomp in mijn maag had gekregen. De hele weg terug naar waar we woonden, moest ik huilen. Ik ging meteen naar onze slaapkamer, ging op bed liggen, en huilde. Ik was bang voor de reactie van mijn vader, nadat hij de brief zou hebben ontvangen.

Daarna verhuisden we naar het noorden van Minnesota, naar een camping die door de stichting van Jack Winter was gekocht. We reden naar het nieuwe missiecentrum en ik zei tegen Denise: 'Als we hier zijn aangekomen wil ik echt een zoon naar het leiderschap hier zijn.' Ik had nog nooit in zulke termen gedacht, en het verbaasde me dat die woorden uit mijn mond kwamen! Het was het eerste teken van verandering! Het was op het ogenblik dat we daar waren, dat Jack Winter daar ook kwam en weer over Vaders liefde sprak. Ik had hem daar al heel vaak over horen spreken, maar ik had het nooit echt begrepen. Ik knielde naast hem neer, terwijl hij voor mensen bad dat ze de liefde van de Vader zouden ervaren. Ik zag ze huilen wanneer de wonden in hun leven werden genezen. Ik kon de zalving voelen, maar ik begreep niet wat er gebeurde.

HET OVERDRAGEN VAN DE LIEFDE VAN DE VADER

Nadat ik die keer naar de boodschap van Jack over de liefde van de Vader had geluisterd, zei ik tegen hem: 'Jack, nu begrijp ik eindelijk waar je het over hebt. Wil je voor me bidden?' Hij had zitten wachten op de gelegenheid om voor me te bidden, dus stemde hij erin toe. Hij nam me mee naar een kleine kamer achterin het missiecentrum en ik ging zitten in de enige stoel die er in die kamer stond. Jack knielde naast me neer en keek me aan. 'Ben je bereid een kleine jongen te zijn die naar liefde verlangt?' vroeg hij. Ik dacht: 'Ik ben een man van negenentwintig jaar. Ik ben geen kleine jongen!' Maar toen ik in Jacks ogen keek, wist ik op de een of andere manier, dat hij mij zag als de persoon die ik in werkelijkheid was. Aan de buitenkant was ik krachtig, sterk en bekwaam, maar van binnen was ik een kleine jongen die hunkerde naar liefde, omdat ik nooit de liefde van een vader had ervaren.

De waarheid is, als je nog nooit de liefde van een vader hebt gekend, dan heb je daar nog steeds behoefte aan. Ik zei tegen hem: 'Ik weet het niet, Jack, maar ik kan het proberen.' Hij vroeg me om mijn armen om zijn hals te slaan als een kleine jongen die verlangt naar een knuffel van zijn pappa. Ik had nog nooit in mijn leven een man geknuffeld, maar ik sloeg mijn armen om zijn nek. Ik voelde me buitengewoon opgelaten en wilde ervandoor gaan en de kamer uitrennen, maar hij sloeg snel zijn armen om me heen en hield me stevig vast. Hij maakte me heel duidelijk, dat hij me niet los zou laten voordat hij klaar was! Daarna bad hij heel eenvoudig: 'Vader, wilt U nu komen en laten mijn armen Uw armen zijn.' Op dat moment was het niet meer Jack die mij vasthield, maar werd ik vastgehouden door God. Hij ging verder: 'Wilt U Uw liefde uitstorten in zijn hart, omdat hij nooit een Vader heeft gekend zoals U?' Na een minuut of drie was hij klaar en stond ik op.

Vanaf dat moment leek het alsof alles anders was geworden. Elke keer dat ik begon te bidden, kwam het woord 'Vader' spontaan uit mijn mond. Het voelde aan alsof mijn geest de Vader had aangeraakt. In werkelijkheid was het de Vader die mijn geest had aangeraakt.

Een paar maanden later vlogen we terug naar Nieuw-Zeeland. We gingen wonen bij Denise haar moeder in Taupo, waar we nu ook nog wonen. We bleven daar twee weken, maar ik wilde niet mijn ouders bezoeken, omdat ik bang was voor de reactie van mijn vader op die brief. Na enkele weken zei ik tenslotte tegen Denise: 'We moeten echt naar ze toe gaan, en de daad bij het woord voegen.' Dus stapten we in de auto, reden er naartoe, brachten de middag door bij mijn ouders, en reden weer terug naar Taupo. Mijn vader repte met geen woord over de brief.

Een paar maanden later bezochten we hen weer, maar nog steeds had hij het er niet over. Weer een paar maanden later gingen we weer naar hen toe, en nog steeds zei hij niets over de brief. Er gingen vijf jaar voorbij. Ik was nu vijfendertig jaar en mijn vader had geen enkele keer iets over de brief gezegd en ik begon me af te vragen of hij hem wel had ontvangen. En toen, op een dag, vroeg ik aan mijn moeder: 'Toen we nog in de Verenigde Staten waren, heb ik een brief geschreven aan Pa. Weet u, of hij die brief heeft ontvangen?' Mijn moeder zei: 'O ja, die heeft hij gekregen. En hij heeft hem nog steeds. Hij heeft hem in een lade naast zijn bed bewaard!' Toen zij dat zei, wist ik dat hij kostbaar was voor mijn vader. Ze was te kostbaar om er ruzie over te maken. Mijn vader zou nooit hebben kunnen zeggen: 'Ik vergeef je, zoon.' Ik heb hem nooit horen zeggen: 'Het spijt me', of: 'Ik houd van je', of iets dergelijks. Hij zei nooit zoiets, maar ik besefte dat die brief iets kostbaars voor hem was en dus ging ik ervan uit, dat hij me had vergeven. Er gingen jaren voorbij en op een dag besloot ik dat ik tegen mijn vader zou zeggen, dat ik van hem hield.

Ik voelde helemaal geen liefde voor mijn vader in mijn hart, maar ik dacht dat als ik het zou zeggen op grond van mijn wil, dat God me dan tegemoet zou komen met gevoelens van liefde. Op dezelfde manier als bouwers beton uitstorten in een geraamte van timmerhout dat ze hebben opgezet, zou mijn verklaring van liefde het geraamte zijn voor God om er iets in te storten. Ik zou dan zeggen: 'Ik houd van u,' en erop vertrouwen dat God me gevoelens van liefde zou geven voor mijn vader. Eerlijk gezegd zou ik liever de Mount Everest beklommen hebben. Het was iets kolossaals om te doen. Maar tijdens al die ruzies die ik met mijn vader heb gehad, heeft hij me één ding geleerd, en dat was het zeggen van dingen die voor de ander misschien moeilijk zouden zijn om te horen. Eigenlijk was dat voor mij erg gemakkelijk in die tijd. Dus besloot ik tegen hem te zeggen, dat ik van hem hield.

'IK HOUD VAN JE, PA!'

Toen we de keer erop naar hen toegingen, wachtte ik op een gelegenheid om het te zeggen. Ik hoopte dat hij naar de keuken zou gaan, dan zou ik achter hem aankomen, een glas water pakken en zeggen: 'O ja, ik houd van je, pap,' en weer doorlopen naar de woonkamer. Maar hij ging niet naar de keuken. Dus kreeg ik hem niet alleen te spreken. Uiteindelijk stonden we op het punt om weer naar huis te rijden en ik dacht dat ik de gelegenheid voorbij had laten gaan. Mijn vader had een bepaalde gewoonte. Als hij mensen op bezoek kreeg, ging hij altijd in de keuken staan waar de gasten door moesten als ze weggingen. Dan stond hij leunend tegen de koelkast mensen de handen te schudden terwijl ze de deur uitgingen. Mijn vader heeft me niet veel geleerd in mijn leven, maar toen ik vier was leerde hij me hoe je iemand de hand moest schudden. Ik kan het me nog woord voor woord herinneren. Hij zei: 'Als je een man de hand schudt – stevige hand geven – niets van dat slappe pols gedoe. Twee of drie keer schudden en dan loslaten. Je moet een man niet te lang aanraken!'

We verlieten dus het huis, en ik schudde de hand van mijn vader een keer of twee drie, stevig – liet zijn hand los en liep de deur uit.

Hij schudde de hand van de anderen en we liepen het huis uit. Toen ik buiten bij de hoek van het huis kwam, dacht ik: 'Nu ga ik het doen!' Dus ik keek achterom voorbij mijn familie, naar mijn moeder en vader zei: 'Dag mam en pap. Ik houd van je pa!' en liep snel de hoek van het huis om. Denise en de kinderen volgden me snel naar de auto en we reden weg! Ik hoorde geen gegil of een botsing, dus dat was goed gegaan!

De keer *daarop* toen we hen bezochten, bedacht ik mij dat ik hetzelfde zou doen. Ik zou nog een keer zeggen: 'Ik houd van je'. Deze keer schudde ik zijn hand, zoals ik de vorige keer ook had gedaan – stevige hand, twee tot drie keer schudden – maar deze keer bleef ik zijn hand vasthouden en hij keek naar mij op. Ik keek hem recht in zijn ogen, en zei: 'Ik houd van je, Pa', en liet hem los en liep het huis uit. Toen ik op het gras liep keek ik achterom het huis in en zag dat mijn vader daar nog steeds stond, terwijl hij naar zijn hand keek. Mijn vader had die woorden nog nooit in zijn leven gehoord, vooral niet uit de mond van een man. Mijn moeder had ze vroeger wel eens gezegd, toen ze net getrouwd waren, maar was ermee gestopt. Nu ik meer moed had gekregen besloot ik om hetzelfde te doen bij ons volgende bezoek.

Toen we op het punt stonden om weg te gaan, stak hij zijn hand uit om mijn hand te schudden, en ik had de indruk dat hij dit een beetje aarzelend deed! Maar deze keer, in plaats van dat ik zijn hand beetpakte, stak ik mijn arm in zijn arm en omarmde hem voor de eerste keer in mijn leven, en fluisterde: 'Ik houd van je, pa', in zijn oor. Hij knikte haast onopvallend, maar het was alsof je een boom omarmde. Elke spier in zijn lichaam was verstard. Nadien maakte ik elke keer dat we op bezoek kwamen van de gelegenheid gebruik om tegen hem te zeggen: 'Ik houd van je, Pa.'

Drie jaar later belde mijn vader me op een avond op. Mijn moeder belde altijd, en dit was de tweede keer in mijn leven dat mijn vader me opbelde. Hij zei: 'Er is een rugbywedstrijd bij jullie in de buurt, en daar ga ik naartoe. Ik vroeg me af of ik naar jou toe kan komen en bij jou zou kunnen overnachten?' En toen zei hij: 'Er is iets wat ik tegen je wil zeggen!' Mijn vader had nog nooit in ons huis overnacht. Hij was maar één of twee keer bij ons op bezoek geweest, en nu waren we al achttien jaar getrouwd. Hij kwam na de wedstrijd en Denise had een heerlijk diner gemaakt. Na het eten zei hij: 'Ik wil iets tegen je zeggen.' Dus stond Denise op en ging naar een kamer aan de andere kant van het huis, om ons samen alleen te laten.

We zaten daar de hele avond en hij kon het niet over zijn lippen krijgen. Hij pakte het onderwerp weer op en nog eens en nog een keer. En dan zei hij: 'Ik ben gekomen om je iets te zeggen. Dat wil ik tegen je zeggen.' En dan keek hij me aan, alsof hij zo wanhopig was, dat hij de woorden niet kon uitbrengen, en dan begon hij weer over rugby te praten, of iets anders. En toen zei hij tegen me: 'Ik heb in mijn hele leven nog nooit meegemaakt dat iemand deze woorden tegen me zei, behalve dan door je moeder.' Hij zei ook: 'Volgens mij zeggen mannen zulke woorden niet tegen elkaar.' Op een andere keer zei hij: 'Tijdens de oorlog maak je geen vrienden met iemand anders, want als die persoon sterft kan je je taak niet meer uitvoeren.' Al die dingen kwamen eruit toen hij bij me was.

Ik ben de jongste in ons gezin. Mijn broer is een natuurwetenschapper en mijn ouders waren heel trots op hem tijdens de plechtigheden ter gelegenheid van zijn diploma-uitreiking. Hij was de eerste in onze familie die naar een universiteit ging, misschien wel gerekend vanaf Adam in de Hof! Mijn zuster heeft bij de TV gewerkt en mijn ouders keken altijd naar de vermelding van haar naam aan het eind van het programma op donderdagavond. Ze waren erg trots op haar. Ik bezat de meeste academische potentie in ons gezin, maar het enige wat ik wilde doen, was een hertenjager worden, een kluizenaar die in de bergen leefde. Ik deed niets wat mijn vader me graag had zien doen en mijn vader was niet trots op me. Hij was teleurgesteld in mij. Toen ik christen werd, werd het alleen nog maar erger. Dat was nog een reden te meer voor hem om ruzie met me te maken. Maar op die avond, toen hij bij ons overnachtte na die rugbywedstrijd, zei hij: 'Er is nog iets wat ik tegen je wil zeggen.'

Hij werd heel ernstig. Hij vond het heel moeilijk om over deze dingen te praten, maar hij zei tegen me: 'Misschien komt er een tijd dat je moeder of ik er niet meer zullen zijn.' Dat was alles wat hij zei. Hij keek me aan, alsof hij wilde zeggen: 'Begrijp alsjeblieft wat ik wil zeggen. Dat ik niet alles kan zeggen!' Ik was geschokt dat hij dat tegen me zei. Ik was zijn jongste zoon, degene die hem zo had teleurgesteld in het vervullen van zijn verwachtingen. Het enige wat ik kon zeggen was: 'Pa, als het ooit zal gebeuren dat je alleen achterblijft, kan je altijd bij ons komen wonen.' Zijn schouders ontspanden zich duidelijk zichtbaar, alsof er een last van hem werd afgenomen, maar nog steeds had hij niet gezegd waarvoor hij gekomen was.

De uren gingen voorbij en uiteindelijk was het bijna middernacht, en hij bracht het onderwerp weer ter sprake. Hij zei: 'Ik ben gekomen om je dit te zeggen. Tenslotte zei hij: 'Ik wil dat je weet,' en hij keek me met smekende ogen aan: 'Help me dit tegen je te zeggen!' Er was niets wat ik kon doen, dan zitten, en wachten en luisteren en tenslotte... Hij heeft het nooit gezegd, maar kwam er wel dicht in de buurt. Hij perste de woorden eruit: 'Je moet weten, dat je moeder en ik van jullie allemaal houden.' Ik antwoordde: 'Ik houd ook van jou, Pa.' Hij knikte, om te benadrukken dat hij meende wat hij zei.

'Ik houd van je, zoon!'

De jaren gingen voorbij, en uiteindelijk zei mijn vader op een dag de woorden: 'Ik houd van je zoon!' Dat was in 2001. Hij moest in het ziekenhuis worden opgenomen en bleef daar zes of zeven jaar. Diabetes had hem zijn rechterbeen gekost en zijn ogen waren erg achteruit gegaan. Hij kon niet meer televisie kijken. Het enige wat hij kon zien was het licht door het raam, meer kon hij niet zien. Hij had enkele lichte beroertes gehad, en zijn kortetermijngeheugen verloren, hoewel zijn langetermijngeheugen nog wel werkte. Ik zocht hem op, omdat we door onze bediening een lange reis naar Europa zouden maken. Voor de eerste keer in mijn leven kon ik een gesprek met hem hebben, waarbij hij geen ruzie zocht. Alle onenigheid was uit hem verdwenen.

Ik vertelde hem hoe ik me had gevoeld toen ik nog een jongen was tijdens al die ruzies die we hebben gehad. Hij luisterde alleen maar, begrijpend. Er was geen enkele neiging meer in hem om ruzie te zoeken. Toen we zo aan het praten waren, zei hij drie keer: 'Het spijt me!' Mijn vader had nog nooit iemand zijn excuus aangeboden. Die dag zei hij drie keer: 'Ik houd van je, zoon!' Toen ik naar de deur liep zei hij: 'O, weet je, ik heb altijd van je gehouden!'

Ik weet nog dat ik even langs ging bij mijn moeder, nadat ik bij hem was geweest in het ziekenhuis, en ik vertelde haar waar we het over hadden gehad, en wat Pa had gezegd, en ze zei, 'Toen jij vroeger de deur dichtsloeg en naar buiten liep, de nacht in... Weet je wat je vader dan deed? Dan ging hij naar de slaapkamer en deed de deur op slot. Hij wilde niet dat ik naar binnen ging, omdat hij aan het huilen was.'

Een tijdje later waren we in Engeland. We hadden een uitputtend reisschema van bijeenkomsten bijna afgerond. Het was de laatste samenkomst, en we baden voor de laatste paar mensen. Een van de mannen in die gemeente kwam naar me toe en zei: 'James, er is telefoon voor je uit Nieuw Zeeland. Het is je broer.' Ik wist natuurlijk waarover het ging. Ik had me afgevraagd wat ik zou doen, als mijn vader zou overlijden, terwijl ik overzee was. Zou ik de conferenties afzeggen? Zou ik teruggaan? Zou dat wat uitmaken? Wat moest ik doen?

Dus liep ik naar de telefoon en sprak met mijn broer. Hij vertelde me dat Pa een half uur geleden was overleden en dat hij erop had aangedrongen dat ik thuis zou komen en de begrafenis zou leiden. Ik vloog terug naar Nieuw Zeeland, maar Denise bleef in Engeland.

De begrafenis vond plaats de dag nadat ik was teruggekomen. Ik sprak er mijn verbazing over uit dat Pa wilde dat ik de begrafenis zou leiden. Hij had altijd ruzie met me gezocht en mij de indruk gegeven dat hij sterk gekant was tegen het christendom.

Ik weet nog dat ik naar voren stapte bij de begrafenis. Er waren heel wat mensen, en toen ik rondkeek vroeg ik me af of er iemand bij was die echt van mijn vader had gehouden. Hij maakte met iedereen ruzie. Toen ik naar de kist keek naast me, dacht ik: 'Misschien wilde hij dat ik de begrafenisdienst zou leiden, omdat hij wist dat ik het hart van een zoon had en dat ik een echte zoon voor hem was.

Het hart van zoonschap

Dat was mijn leven met mijn vader. Als ik daarop terugkijk, is het belangrijkste voor mij het moment waarop ik die envelop in de gleuf liet glijden. Waarom? Omdat toen ik de envelop met de brief liet vallen, God het hart van een zoon aan me teruggaf en dat zorgde ervoor dat ik mijn hemelse Vader leerde kennen.

Ik denk dat de meesten onder ons het hart van een zoon zijn kwijtgeraakt in hun leven. Hoe krijgen we dat terug? We zullen het terugvinden op de plek waar we het zijn kwijtgeraakt.

Het is zo, dat je de Vader niet echt kunt leren kennen, tenzij je het hart van een zoon of dochter hebt. Je kunt een aanraking van Hem ontvangen. Je kunt Zijn liefde ervaren. Je kunt zelfs ervaren dat Zijn liefde je hart heeft aangeraakt en je emoties. Maar je kunt niet een intieme relatie met Hem als Vader hebben, als je niet het hart van een zoon hebt. Er zijn veel mensen die een ontmoeting hebben gehad met de hemelse Vader, maar alleen zij die het hart van een zoon of het hart van een dochter hebben, kunnen een leven leiden vanuit een relatie met Hem als Vader. Wanneer je Hem leert kennen als Vader en Zijn liefde je hart aanraakt en vult, zal diezelfde liefde allengs steeds meer jouw hart genezen. Als die liefde er is, zal ze voortdurend in het diepste van je wezen worden uitgestort, totdat alle gaten zijn opgevuld, en wanneer dat heeft plaatsgevonden, zal het niveau stijgen en je op een plek brengen waar Zijn liefde als een geweldige oceaan is geworden waarin je kunt zwemmen.

Omdat zovelen onder ons hun hart voor hun aardse vader hebben toegesloten en het hart van een zoon of dochter zijn kwijtgeraakt, moet jij misschien ook een brief schrijven aan een of allebei je ouders. Misschien dat je moet bellen, of is een gesprek onder vier ogen meer op zijn plaats. Dat moet je zelf beslissen, maar twee dingen weet ik zeker. Ten eerste: Als je niet het hart van een zoon hebt naar de ouders die God je heeft gegeven, kan je niet een echte relatie hebben met God als je Vader, waardoor je gevangen zult zitten in een leven vanuit het perspectief van een wees.

Ten tweede: Als je de een of andere christelijke bediening hebt zal je voortdurend aanlopen tegen een blokkade in de doeltreffendheid ervan, omdat je eerst het hart van een zoon moet hebben. Als je niet het hart van een zoon hebt, zal je minder in staat zijn om te spreken en je te gedragen als Jezus. In Hebreeen1:1 staat: 'Vroeger sprak God door profeten, maar nu heeft Hij gesproken door Zijn Zoon.' Hij geeft er nog steeds de voorkeur aan om te spreken door zonen! Deze openbaring van de Vader en Zijn liefde is van levensbelang voor de toekomst van de Kerk, net zo goed als voor ons persoonlijk leven.

HOOFDSTUK VIJF

God is onze echte Vader

~

Toen ik nog maar net christen was geworden, bad ik en vroeg de Heer of Hij me dingen wilde laten zien zoals Hij ze ziet. Ik wilde het leven echt begrijpen op de manier zoals God het beschouwt. In Spreuken 14:6 staat: *'Voor een verstandige is inzicht gemakkelijk te verwerven.'* Veel mensen zijn op zoek naar kennis, maar als je inzicht hebt komt kennis al snel. Ik wilde een leven leiden vanuit een perspectief dat zo dicht mogelijk ligt bij de manier waarop God leeft. Als je naar de dingen kijkt vanuit Gods perspectief zal je ware, blijvende vrede in je leven ervaren. Kennis kan leiden tot verwarring, maar als je inzicht hebt zal je vrede hebben, omdat je dan Gods bedoeling achter alles zult zien.

DE BEDOELING VAN HET LEVEN

Toen ik twaalf was, verhuisden we, weg van het kleine platteland dorpje waar ik was opgegroeid. Ik vond het fijn om daar te wonen en had helemaal geen zin in om te verhuizen. Maar te midden van mijn innerlijke onrust, begon ik te verlangen om te ontdekken waar het leven nu eigenlijk om draait. Ik weet nog dat ik op een avond naar buiten liep om naar de sterren te kijken, toen ik in mijn hoofd de woorden hoorde van mijn onderwijzer, die ons had verteld dat die er altijd zouden zijn. Er was geen grote stenen muur aan de rand van de ruimte. 'Zelfs al zou die er zijn,' zei hij, wat zou daar dan achter zijn?' Dat bracht mijn jonge geest volkomen in de war, omdat ik dacht, dat zelfs *als er iets* zou bestaan aan het eind van elk bestaan, wat zou *dat* dan zijn! *Het moet wel oneindig doorgaan!*

Ik weet nog, dat ik mijn ouders vroeg wat de zin van het leven was. Waar gaat het allemaal om? Wie zijn we eigenlijk en wat doen we hier? Wat is de zin ervan? Hoe komt het dat ik leef? Hoe komt het dat ik kan denken en me ergens van bewust kan zijn? Als kleine jongen hielden deze vragen mij heel erg bezig. Iemand zei tegen me: 'Maak je daar maar niet druk om. Als je ouder bent, kan je dat niet zoveel meer schelen.' Dat was het meest waardeloze antwoord wat ik ooit had gehoord. Het stelde me op geen enkele manier gerust. Ik dacht bij mezelf: 'Volgens mij heeft deze man deze vragen ook aan zichzelf gesteld, toen hij nog jong was en nu is hij oud geworden en heeft hij er nog *steeds* geen antwoord op gekregen.' Dat alles zorgde ervoor dat ik erg in de war raakte. Het is nu niet gemakkelijker om deze vragen te verwoorden dan toen.

Toen ik naar school ging leerden ze me dat evolutie het antwoord op deze vragen was. Velen onder ons hebben geleerd dat wij op de aarde zijn gekomen als gevolg van een eindeloze opeenvolging van grillige toevalligheden. Er zat helemaal geen doel achter. Leven was slechts het gevolg van de weersomstandigheden, plus de chemische reacties van mineralen, en geleidelijk aan ontstonden wij, menselijke wezens, tijdens die opeenvolging van grillige toevalligheden. Bovendien blijft de aarde in een baan rond de zon steeds maar weer om zijn eigen as draaien. Uiteindelijk zal dit steeds langzamer gaan. De zon zal haar warmte verliezen en alles op aarde zal doodgaan. De totaalsom van het doel van dit alles, zal uitlopen op helemaal niets.

Door dat alles vroeg ik me af wat het voor zin had om naar school te gaan. Mijn vraag was: 'Waarom zou ik naar school gaan zodat ik later meer ga verdienen, alleen maar om kinderen te hebben, die toch geen enkel antwoord zouden krijgen op de vraag? Oké, ze zouden onderwijs krijgen, maar ook een leven leiden vol worstelingen, om financieel het hoofd boven water te houden – en nog steeds aan het eind van hun leven komen, zonder enige zin. Uiteindelijk zou de zon koud worden, en zou aan alles een eind komen en het uiteindelijke doel van alles zou helemaal niets inhouden?' Ik worstelde ermee om een motief te vinden om iets te bereiken. Ik stelde een vraagteken bij wat voor recht anderen hebben om mij te vertellen wat goed of slecht is, of hoe je moet leven.

Een paar jaar geleden was er een nieuwsbericht, waarin werd gezegd dat (van de beschaafde wereld) Nieuw Zeeland het hoogste aantal zelfmoorden onder tieners heeft. Meteen raakte de TV overspoeld met mensen die hun mening hierover gaven. Veel psychiaters en psychologen kwamen aan met diverse theoreeën. Ik wil niet beweren dat mijn mening beter is dan die van hen – maar ik denk dat als je tieners vertelt dat het doel in je leven toch op niets uitdraait, en dat je leven alleen maar een biologisch gebeuren is, zonder enige waarde, waarom zou je dan geen einde maken aan het lijden? Ik kan goed begrijpen dat jonge mensen een einde aan hun leven maken als ze ervan uitgaan dat evolutie waar is. Waarom zou je er dan geen eind aan maken? Waarom zou je dan wachten totdat er op een natuurlijke manier een eind aan komt?

WIJ ZIJN ALLEMAAL HET NAGESLACHT VAN GOD

Waar ik naar wil kijken is iets dat mij geweldig veel vrede heeft gegeven. Het heeft mij in staat gesteld om op een nog niet eerder beleefde manier rust in mijn binnenste te hebben ten aanzien van de vraagstukken waar ik mee te maken kreeg in mijn leven. Naarmate de jaren verstreken ben ik wat meer gaan begrijpen, en sommige dingen vanuit een ander perspectief gaan bekijken. Er is een tijd geweest dat ik het gevoel had dat ik alles afwist van het evangelie. Ik vond het allemaal logisch, en toch, wanneer ik naar mijn eigen leven keek, was er een groot gat. Ik zag dat ik voldoende gezag en macht ontbeerde om echt een zegen te zijn in het leven van de mensen met wie ik in aanraking kwam. Als ik het evangelie goed begreep, waarom gebeurde er dan niet meer? Waarom zag ik dan niet meer vruchten, zoals in het leven van Jezus? Dus zette ik tijd apart om alleen met God te zijn. Ik gaf alles wat ik ooit had geleerd terug aan Hem en vroeg Hem mijn verstand te zuiveren en mijn hart te openen om mij meer te onderwijzen. Ik vroeg Hem om de waarheden die ik had ontvangen te zuiveren door Zijn liefde en perspectief. Het spreekt vanzelf dat Hij me nog veel meer dingen onderwees.

Een van de dingen die mijn begrip begonnen te veranderen was toen ik in Handelingen 17 de boodschap las die Paulus bracht aan de filosofen in Athene. Ik denk dat als je iets zou kunnen begrijpen van waar ik over schrijf in dit hoofdstuk, het een enorm verschil zou kunnen maken in hoe jij je leven leidt en hoe jij je relatie met God ervaart. Als je dit tekstgedeelte leest moet je in gedachten houden dat er zich geen enkele christen bevond onder het gehoor van Paulus. In zijn verhandeling zei Paulus:

'De God Die de wereld gemaakt heeft, en alles wat daarin is, Deze, Die een Heere van de hemel en de aarde is, woont niet in tempels die

met handen zijn gemaakt. Hij wordt ook door mensenhanden niet gediend alsof Hij iets nodig heeft, omdat Hij Zelf aan allen het leven, de adem en alle dingen geeft. En Hij maakte uit één bloed heel het menselijk geslacht om op heel de aardbodem te wonen.' (v24).

Dat is toch wel een heel interessante uitspraak. *'Hij maakte uit één mens heel het menselijk geslacht, om op heel de aarde te wonen.'* Het bewonen van de aarde was in feite een opdracht die al in de Hof was gegeven. Er werd van de mens verwacht dat hij zich zou verspreiden en de hele aarde zou bewonen. En daarna gaat de apostel verder:

'...en Hij heeft hun van tevoren toegemeten tijden bepaald, en de grenzen van hun woongebied.'

Ik wil hier nog wat meer over zeggen: het is niet het belangrijkste wat ik wil stellen, maar dit is een interessante uitspraak die Paulus hier doet. God heeft het tijdstip van onze geboorte bepaald en de plek waar we werden geboren. We komen allemaal uit verschillende landen en culturen. Zij, die de landen gesticht en bevolkt hebben, waren niet zozeer bezig met het uitvoeren van Gods wil, maar terwijl ze hiermee bezig waren, was op de een of andere manier het tijdstip en de plaats waar jij werd geboren een onderdeel van Zijn plan voor de mensheid. Het is geen vergissing dat ik een Nieuw Zeelander ben en dat jij de nationaliteit hebt die je nu eenmaal hebt. Het was geen vergissing, omdat *God* het was Die de tijden voor jou heeft bepaald en de precieze plek waar jij zou wonen. Hij heeft dat gedaan opdat jij Hem zou gaan zoeken.

Vervolgens doet Paulus nog een zeer interessante uitspraak, waarin hij een wereldse Griekse profeet citeert. Je moet weten dat Paulus een briljante intellectueel was. Hij had als student aan de voeten van Gamaliël gezeten, de belangrijkste leraar van de sekte waar hij ook toe behoorde, de Farizeeërs. Hij was in zijn tijd de beste student van hen allemaal. Hij zei dat hij meer vorderingen maakte dan zijn leeftijdgenoten. (Galaten 1:14). Op een andere plek stelt hij (II Korinthe 11:5), dat hij 'niet minder' is geweest dan wie dan ook. Hij groeide op in Tarsus en dat was een universiteitsstad binnen het Romeinse keizerrijk. Zonder enige twijfel had hij het toppunt van godsdienstige observatie en kennis bereikt.

Tegen de tijd dat hij twaalf jaar oud was, moet hij grote gedeelten van de Boeken Genesis, Exodus, Leviticus, Numeri en Deuteronomium uit zijn hoofd geleerd hebben. Dat werd van iedere Joodse jongen zoals hij verwacht. Hij was een knappe jongeman, en ik denk (omdat hij opgroeide in een universiteitsstad), dat hij en het gezin waaruit hij kwam, bloot werden gesteld aan allerlei andere culturen binnen het Romeinse Keizerrijk. Zonder twijfel kwam hij ook in aanraking met de Griekse cultuur, die in die tijd de belangrijkste cultuur was, en zeer waarschijnlijk leerde hij ook een Grieks gedicht van Aratus(een dichter die toen in zijn geboortestad Tarsus woonde), dat hij zich nog herinnerde. In dit Schriftgedeelte spreekt Paulus een groep Grieken toe die vooraanstaande filosofen van de stad Athene waren. We weten dat deze Grieken ervoor zorgden dat ze geen aanstoot zouden geven aan de een of andere god. Ze waren zeer religieus in hun filosofie, en wilden zich op alle terreinen indekken, om het zo maar te zeggen. Daarom hadden ze een altaar gebouwd wat gewijd was aan 'de onbekende god.'

Deze filosofen hadden gehoord dat Paulus in de stad was, en daarom hadden ze hem uitgenodigd om hen toe te spreken. Toen hij dat deed, citeerde hij deze Griekse dichter. Ik vind het wel grappig dat een Griekse dichter het voor elkaar heeft gekregen om op zijn minst één regel van zijn gedicht opgetekend te krijgen in de Heilige Schrift. Ik ben ervan overtuigd dat hij niet heeft beseft dat hij een stukje Bijbeltekst heeft geschreven toen hij zijn vers op papier zette. Bovendien citeerde Paulus het als een stuk waarheid, zodat het eigenlijk de wijsheid van God was. Het is dus een geïnspireerde Bijbeltekst, en als zodanig vanuit de adem van de Geest van God. Op de een of andere manier heeft God geblazen op wat die Griekse dichter had geschreven, en Paulus gebruikte het om die Griekse filosofen te overtuigen. Hij zei:

'Want in Hem (hij bedoelde de Joodse God) *leven wij, bewegen wij en bestaan wij; zoals ook enkele van uw dichters hebben gezegd: 'Want wij zijn ook van Zijn geslacht.'*

In vers 29 gaat hij verder: *'Wij nu, die van Gods geslacht zijn...'*

Nu had ik die tekst al vaak gelezen, voordat ik het in de gaten had. Toen ik het echter zag, wist ik niet goed wat ik ermee aan moest, omdat Paulus tot een *volledig niet-christelijk* publiek sprak, en zei: 'Wij zijn Zijn geslacht. Wij zijn Gods kinderen.' Snap je, ik heb geleerd dat we Gods zoon worden *op het moment dat we christen worden*. Ik werd Zijn kind op het moment dat ik werd wedergeboren. Als ik niet ben wedergeboren kan ik het Koninkrijk van God niet binnengaan. En dat is absoluut de waarheid. Maar het lijkt erop dat we hier op een probleem stuiten. Omdat Paulus tegen die Griekse filosofen zei: 'Daarom, omdat wij Gods kinderen zijn, aangezien wij Zijn nageslacht zijn, omdat we van Hem afstammen, omdat we Zijn kinderen zijn.' Waar ik mee zat was, dat ik niet kon begrijpen hoe Paulus in hemelsnaam kon zeggen dat deze niet-christelijke Grieken Gods kinderen waren!

Nu wil ik heel duidelijk stellen dat we nooit de voordelen zullen ervaren van het feit dat we kinderen van God zijn, als we niet zijn wedergeboren. Dat staat vast en daar is geen enkele twijfel over. Maar er moet iets meer zitten achter wat Paulus hier zei, wil dit een stuk een geïnspireerde Bijbeltekst, en de waarheid zijn. Ze hebben mij altijd geleerd dat toen ik nog geen christen was, ik in de duisternis wandelde. Mij is zelfs verteld dat satan mijn vader was, omdat ik hem volgde. Maar hier stelt Paulus dat we *allemaal*, *ook* zij die niet zijn 'wedergeboren', het nageslacht van God zijn. Dat overviel me, omdat ik altijd heb geleerd dat we door de Geest van God zijn geboren, en dat het geboren zijn door Gods Geest ons tot Gods kinderen maakt. Maar Paulus zei iets anders, en dat klonk als iets dat wij niet als de gangbare christelijke leer zouden beschouwen. Het lijkt zelfs op de leer die zegt dat iedereen behouden is. Ik probeerde dit dus te begrijpen en de Heer liet me iets zien.

Als we hierover nadenken, is het van het grootste belang iets te begrijpen: Toen God Adam en Eva schiep, in de Hof van Eden, was het Zijn bedoeling dat zij *niet zouden* zondigen. Eeuwenlang hebben theologen hierover gediscussieerd, of God van tevoren al wist dat Adam en Eva uiteindelijk zouden zondigen. Daar is men het niet over eens. Wat we wel weten, is dat het plan dat God met Adam en Eva had, een *levensvatbaar* plan was. Het was Zijn bedoeling dat zij *niet zouden* zondigen. Als we dus helderheid willen krijgen over dit vraagstuk, dat iedereen op de wereld een kind van God is, moeten we weten wat het woord *verlossing* betekent.

VERLOSSING

Verlossing (lossen), betekent eigenlijk 'terugkopen'.

Ik draag een horloge dat ik heb gekregen als Kerstcadeau. Ze hadden het voor mij gekocht, dus ik kan niet zeggen dat dit horloge teruggekocht is voor me. Het was gekocht, maar niet teruggekocht.

Toen Jezus ons kocht voor een bepaalde prijs, kocht Hij ons *terug*, Hij *'loste'* ons. Het kopen van mijn horloge zou je nooit kunnen beschouwen als iets dat 'gelost' werd, om de eenvoudige reden, dat je iets alleen kunt terugkopen als het al eerder je eigendom is geweest. Het lossen dat Jezus deed door Zijn dood aan het kruis, was dus 'terugkopen wat al eerder Gods eigendom was geweest'. Jezus heeft ons niet gekocht: Hij heeft ons teruggekocht!

Daarom is de werkelijke betekenis van het woord 'lossing' in het christendom, dat we *voordat* we zondaren waren *eigenlijk het eigendom* van God waren. Dat 'eigendom zijn van' begon niet toen wij geboren werden, het begon al met de geboorte van Adam en Eva, ons voorgeslacht. Toen zij hier op aarde waren, waren wij allemaal, ieder op zich, in hen. Het hele menselijke ras is vervat in Adam en Eva en behoort toe aan God, voorafgaand aan de zondeval. Wat had God voor ogen met ons? Het was Zijn bedoeling dat Adam en Eva nooit zouden zondigen, en zich zouden vermenigvuldigen zoals Hij had bevolen. Ze zouden zich vermenigvuldigen en de aarde bevolken en haar onderwerpen. Dat was Gods opdracht aan hen, en die moesten zij uitvoeren. Zijn doel (en dat was Zijn werkelijke bedoeling) was dat de mensheid de aarde zou bevolken zonder dat Adam en Eva of wie dan ook ooit zou zondigen.

HET OORSPRONKELIJKE PLAN

Stel je eens even voor hoe de wereld er zou hebben uitgezien, als Adam en Eva nooit zouden hebben gezondigd. Kan jij je voorstellen hoe jouw leven dan geweest zou zijn? Het zou heel anders zijn geweest dan je nu ervaren hebt. Als Adam en Eva niet hadden gezondigd, zouden ze vandaag de dag nog steeds in leven zijn! Je zou naar hun huis kunnen toegaan en op hun deur kunnen kloppen, en Adam zou de deur hebben opengedaan en je hebben uitgenodigd om binnen te komen. Ze zouden nu nog heel lang leven, en ook nog in de kracht van hun leven zijn. Ik denk, dat als Adam een kamer zou binnenkomen vandaag, iedereen onmiddellijk op de grond zou neervallen en hem aanbidden vanwege zijn verschijning. We zouden denken dat hij God was, omdat Adam was gemaakt naar het beeld van God.

Als de zonde en de dood niet waren binnengekomen, zouden Adam en Eva God elke dag, duizenden jaren lang, recht in Zijn ogen hebben kunnen kijken. Het zou geen beperkte openbaring zijn, maar ze zouden staren in de totale openbaring van Wie God is. Toen Mozes de berg opging en weer naar beneden kwam, was zijn gezicht zo vervuld van de heerlijkheid van God, dat de mensen er bang van werden. Hij moest zijn gelaat bedekken met een sluier, zodat ze konden verdragen hoe hij eruit zag nadat hij veertig dagen op de berg was geweest. Adam en Eva zouden *duizenden* jaren met God gewandeld hebben. Ja, iedere persoon die ooit geboren zou worden zou nu nog steeds leven – wat inhoudt: je ouders, grootouders overgrootouders, en ga zo maar door. Elk menselijk wezen zou nog steeds in leven zijn, omdat er niet zoiets zou bestaan als dood.

De dood is iets heel moeilijks voor ons om mee om te gaan, omdat er niets in ons is geschapen waardoor we ermee om zouden kunnen gaan. Iedere vorm van verwerping, eenzaamheid of trauma is moeilijk om mee om te gaan, omdat er geen ingebouwde bron in ons is waaruit we kunnen putten. Wij zijn niet gemaakt voor de wereld zoals die nu is. Wij zijn geschapen voor een wereld waarin Adam en Eva niet gezondigd hadden.

Denk eens even na over nog een heel groot verschil. Ieder individu die ooit met jou in contact is gekomen zou *alleen* volmaakte liefde, aanvaarding, en bewondering voor jou hebben. Ze zouden vervuld zijn geweest met het besef hoe verbazingwekkend mooi je bent, en hoe geweldig het is om bij je te zijn. Ze zouden genieten van de ongelooflijke gaven en bronnen waarmee de aarde vervuld zou zijn door jouw komst op deze aarde. Het gevoel dat een ieder van ons welkom is, wanneer we op deze aarde geboren worden, zou levensbevestigend zijn, en het zou een buitengewone uitwerking hebben gehad op een ieder van ons.

We kunnen ons met geen mogelijkheid voorstellen hoe blij we zouden zijn geweest als Adam en Eva niet hadden gezondigd. We kunnen ons dat moeilijk voorstellen, maar *dat is* het leven waarvoor God ons heeft bestemd. Stel je eens even voor hoe het voor Adam geweest moet zijn om als een volwassen mens gemaakt te zijn; iemand die bij zijn volle verstand is, emoties heeft, een hart en een wil, volkomen in staat om iets te begrijpen en helder na te kunnen denken. Zijn intellect moet veel groter zijn geweest dan dat van wie van ons dan ook. Volgens de wetenschap gebruiken we slechts tien procent van onze hersens. Adam zou volmaakt hebben gefunctioneerd, met de volle honderd procent van zijn mentale en intellectuele vermogens. Hij kwam op deze wereld en ontving en ervaarde meteen ten volle de liefde van God, die was uitgestort in zijn binnenste; zonder enige beperking.

Alleen al zijn entree in deze wereld zou doortrokken zijn geweest van het besef hoe prachtig en geliefd hij was, omdat hij God recht in Zijn ogen had kunnen kijken vanaf het moment dat hij tot bewustzijn kwam. Toen Adam zijn ogen opendeed, die de vensters van de ziel zijn, en in het gezicht van God de Vader keek, moet zijn ziel volgegoten zijn met de persoon van de Vader. God *is* liefde, en het is altijd al Zijn bedoeling geweest dat iedere zoon en dochter van Adam en Eva met diezelfde liefde vervuld zou worden, met dezelfde openbaring, dezelfde substantie, elke dag van hun leven, tot in alle eeuwigheid.

Voor dit soort leven waren we bestemd. *Het was onze bestemming dat ons natuurlijke leven het voorportaal zou zijn van het volmaakte ervaren van God als onze Vader.* Onze natuurlijke geboorte zou ons brengen naar de zegen van het kennen van God als onze Vader, en onszelf als Zijn Zoon en dochter. Er zou geen woord als 'veiligheid' bestaan, omdat we geen ander vergelijkingsmateriaal zouden hebben dan volkomen vrede en veiligheid. Het begrip angst zou niet bestaan.

Je vader en moeder zouden niet de mensen zijn, die je hebt ervaren dat ze zijn. Ze zouden je heel anders hebben opgevoed. Hun ouders (jouw grootouders) zouden zelf zo doortrokken zijn geweest van de liefde van God de Vader, dat hun liefde voor jouw ouders een volmaakte weergave zou zijn geweest van God Zelf, veel meer dan wat jij ooit hebt meegemaakt. Laat het me nog een keer herhalen. *Onze natuurlijke geboorte zou de toegang zijn geweest tot alle zegeningen die voortvloeien uit het gegeven dat God onze Vader is,* en tot het ervaren van Zijn tegenwoordigheid, Zijn voorzieningen, Zijn liefde, Zijn zorg en Zijn leiding naar iedere zegen in Zijn hart voor ons.

TWEEDE GEBOORTE

Maar we weten maar al te goed dat Adam en Eva *wel* gezondigd hebben. En omdat Adam en Eva hebben gezondigd, moest God een *tweede geboorte* in het leven roepen, om ons allen in de kennis van Zijn liefde als onze Vader te leiden, en ons te doen ervaren dat Hij een Vader voor ons wil zijn. Dus toen Hij Jezus zond om voor ons te sterven, opende de Vader de deur voor ons en Jezus werd die deur. Jezus deed de deur niet open. Hij *is* de deur.

God de Vader opende de deur voor ons, zodat wij kunnen terugkeren naar Hem. Om *teruggekocht* te kunnen worden, zodat wij weer toegang zouden hebben tot alles wat Adam en Eva waren kwijtgeraakt. *Dat is de betekenis van 'gelost' worden!* Het hele doel van God om Zijn Zoon te sturen naar de aarde was, alles wat verloren was geraakt toen Adam en Eva hadden gezondigd, *terug te brengen.* Sterker nog, Hij heeft *meer* verlost dan er verloren was geraakt. In plaats van dat we zonen en dochters zijn zoals Adam, hebben wij (in Christus) deel gekregen aan het leven van God Zelf. Is dat niet geweldig? Nadat wij werden wedergeboren was het mogelijk geworden om God als onze Vader te leren kennen. Net zoals het geval zou zijn geweest voor Adam en Eva als de zondeval niet had plaatsgevonden. Als we dit zien, krijgen we een kijkje in wat het werkelijk inhoudt een christen te zijn. Het geeft ons inzicht in onze bestemming en Gods werk in ons leven.

Dit volle begrip van verlossing is van essentieel belang om op een doeltreffende manier met en voor anderen te bidden. Gods uiteindelijke doel is jouw en mijn leven te herstellen tot het punt waar *het zou zijn geweest als Adam en Eva niet hadden gezondigd.* Dat is het doel van het kruis en de bedoeling van verlossing. Het is het doel om christen te worden. Het doel van *alles* wat God in ons leven doet is ons leven terug te brengen naar de oorspronkelijke zondeloze staat van Adam en Eva. Het is de moeite waard om hierover te mediteren, hoe ons leven eruit zou zien, en hoe we ons zouden voelen als we in die wereld zouden zijn geboren. Het is Gods wil dat we Zijn liefde voor ons leren kennen, omdat we daardoor een fundament diep in ons hart zouden ontvangen, dat ons absolute veiligheid in onze ziel geeft.

Als je weet dat God van je houdt, hoef je niet te worstelen met de leerstelling dat God Degene is Die voorziet. Het kan vaak gebeuren dat je moeite hebt te geloven dat God in je materiële behoeften zal voorzien. Je kunt op de beloften van God gaan staan, je kunt je geloof aanwenden en je kunt nog zo je best doen als je maar wilt. Je kunt positieve dingen belijden en Gods Woord proclameren en profetieën herhalen om de waarheid over jezelf tevoorschijn te roepen. Maar als je niet in je hart weet, dat de Vader van je houdt, zal je grote moeite hebben om vast te houden aan het gegeven dat Hij voor je zal zorgen. Maar als je het fundament diep in je binnenste hebt liggen, dat God je Vader is en dat Hij van je houdt, zal je er geen enkele moeite mee hebben te geloven dat Hij voor je zal zorgen in dit aardse leven. Liefde is het fundament van geloof: in feite, liefde is de basis van *alle* dingen in ons christelijk leven. De liefde van God de Vader ervaren en erin wandelen: daar gaat het allemaal om.

Veel mensen scheppen het beeld dat de weg naar een godvruchtig leven geplaveid wordt door voortdurend geloofswaarheden over jezelf uit te spreken. Maar je zult nooit op die manier zekerheid krijgen. Als Zijn liefde echter je geest vervult en je *weet* dat Hij van je houdt, dan wordt de Bijbel een ander boek voor je. Voor de grondlegging van de wereld werden we al uitverkoren. Wij kozen Hem niet uit: Hij koos ons uit om deel te hebben aan een ongelooflijk leven, dat tot in de eeuwigheid zal voortduren, en het is al begonnen. Hier en nu! *Dat is* de eeuwigheid voor ons: op dit moment! Het doel, het plan, de bedoeling die God met ons leven heeft is: ons vrij te kopen, zodat ons leven alles zal zijn wat Hij voor ons in gedachten heeft gehad *voordat* de mens in zonde viel. 'Het verloren Paradijs' is in Christus teruggewonnen!

Hij heeft je verwekt

De profeet Jeremia schrijft,

'Het woord van de Heere kwam tot mij, 'Voordat Ik je formeerde

in de moederschoot, heb Ik je al gekend, voordat je werd geboren heb Ik je apart gezet, heb Ik je aangesteld als een profeet voor de naties.' (Jeremia 1:4)

Hieruit kunnen we niet afleiden dat we allemaal profeten zijn voor de naties. In het algemeen gesproken is dat wel zo en met name voor sommigen, zoals het geval was voor Jeremia. Maar ik denk dat het eerste gedeelte van dit vers op een ieder van ons slaat, omdat het gaat over de schepping van Jeremia. *'Voordat Ik jou formeerde in de moederschoot, kende ik je.'* Ik vond het wel moeilijk om dat te begrijpen. Wat *bedoelde* de Heer hiermee? *Hoe* kon de Heer nu Jeremia kennen, voordat hij in de schoot van zijn moeder was? Als je het alleen maar bekijkt vanuit een biologisch standpunt, bestond Jeremia niet eens voordat hij in de moederschoot was. Dit gaat ook niet over reïncarnatie. Reïncarnatie hoort niet thuis in de Bijbelse leer over het menselijke leven. Hoe kon de Heer dan Jeremia kennen voordat hij in de baarmoeder van zijn moeder was? Vergis je niet: Hij kende Jeremia *echt*.

Deze uitspraak kan maar op één manier waar zijn. Heel ver terug in de tijd, toen Jeremia nog in de schoot van zijn moeder zat, kreeg God juist die persoon in gedachten, die Jeremia zou worden. Hij ontwierp Jeremia's volledige persoon, zijn fysieke gestel, zijn mentale vermogens, zijn emotionele en geestelijke samenstelling, de gaven en talenten die hij zou hebben. God kon zeggen, lang voordat Jeremia in de baarmoeder van zijn moeder zat: 'Ik weet precies wie deze persoon gaat worden.'

Beste lezer, ik geloof dat hetzelfde geldt voor een ieder van ons. Heel lang geleden heeft God *jou* in Zijn hart en gedachten verwekt. Hij heeft jou gemaakt tot de unieke persoon die je nu bent. Met alle bijzondere natuurlijke mogelijkheden die je hebt. Het is zeer waarschijnlijk dat je vader en je moeder niet wisten of je een jongetje of een meisje zou zijn. Maar *Hij* kende je, tot in de kleinste details. Hij wist hoe lang je zou zijn, hoe zwaar je zou zijn (met een kilootje meer of minder). Hij wist wat voor kleur haar je zou hebben. Hij kende je persoonlijkheid en wat voor talenten je zou hebben. Hij heeft een ieder van ons bepaalde vaardigheden gegeven die anderen weer niet hebben. Weer andere vaardigheden gaf Hij ons slechts in beperkte mate. Hij heeft *precies* die persoon ontworpen die jij zou zijn. Hij kende je. Je moet begrijpen dat Hij je *echte* Vader is, omdat *Hij* je heeft verwekt in zijn gedachten en hart, voordat je op natuurlijke wijze werd verwekt.

Wat nog verbazingwekkender is, is dat Hij ons allemaal in liefde verwekt heeft, want Hij *is* Liefde. Met andere woorden, toen Hij besloot jou te maken, dacht Hij bij Zichzelf: 'Hoe kan ik deze persoon volkomen beminnelijk maken?' Hij ontwierp een ieder van ons in volmaakte liefde. Sommige mensen hebben het gevoel dat zij een foutje zijn. En dat zij niet hier op aarde hadden moeten zijn. Dat geldt ook voor mij. Mijn moeder heeft tegen mij gezegd: 'Toen je vader en ik trouwden, wilden we heel graag dat ons eerste kind een jongetje zou zijn. Dus toen je broer werd geboren, waren we heel blij. Daarna dachten we dat het prachtig zou zijn als we een meisje zouden krijgen en je zuster werd geboren. We waren zo blij! We besloten om verder geen kinderen meer te krijgen. En toen ontdekten we dat jij eraan kwam.' Toen stopte ze even en zei: 'Maar toen *jij* kwam, bracht jij je eigen liefde met je mee.' Met andere woorden: 'Negen maanden lang wilden we jou eigenlijk niet!'

Veel mensen hebben iets dergelijks ervaren en hebben voortdurend het gevoel dat ze eigenlijk niet op deze aarde hadden moeten zijn. Misschien *moesten* hun ouders trouwen, omdat ze zwanger waren, en vanaf dat moment hebben ze het gevoel gehad dat zij een probleem waren. Maar het goede nieuws is, dat God je Vader een ieder van ons in Liefde heeft verwekt. Zelfs al voordat we in de baarmoeder van onze moeder zaten. Jij bent voortgekomen uit een liefdesbevruchting, die heeft plaatsgevonden door toedoen van je ECHTE VADER!

Er bestaat niet zoiets als onwettige kinderen. Er zijn wel onwettige ouders, omdat ieder kind dat ooit ter wereld is gekomen, geliefd en gewild is door God, onze Vader. Daarom kon Hij in het Boek Handelingen bij monde van Paulus door de Geest zeggen dat we *allemaal* (christen of niet), Zijn nageslacht zijn. Hij kon dat zeggen, omdat Hij in Zijn oorspronkelijke plan voor de mens, een ieder van ons ontworpen heeft.

Ik heb me vaak afgevraagd: 'Op welk moment heeft Hij mij eigenlijk ontworpen? Was dat vijf minuten voordat ik werd verwekt?' Werd Hij erdoor verrast, en zei Hij: 'O nee! Daar heb je er weer eentje! Snel! Maak er nog één!' Hoe lang geleden ontwierp Hij mij eigenlijk? Was dat vijf minuten voor mijn geboorte? Jaren daarvoor? Ik geloof, dat Hij een ieder van ons heeft ontworpen zelfs voordat Hij ook maar één atoom van het universum had gemaakt. *Het ging Hem niet om een universum, maar om een familie.* Hij was er niet op uit om een fantastisch mooie schepping te maken. Nee, Hij heeft deze schepping gemaakt als een omgeving waarin wij mogen leven. We kijken naar de sterren en stellen ons voor dat die er altijd zullen zijn. Weet je waarom Hij ze zo heeft gemaakt? Niet omdat we dan overweldigd zouden raken of wanhopig ten aanzien van ons bestaan hier, maar zodat we ernaar zouden kijken en zeggen: 'Wauw!' Zodat alles in ons vol bewondering voor Hem zou zijn. Hij heeft het universum gemaakt om ons een indruk te geven van wat voor Vader we eigenlijk hebben. Is Hij niet geweldig!

Gemaakt naar Zijn beeld

Er zijn veel mensen die het gevoel hebben dat ze nergens bij horen en dat ze eigenlijk niet geboren hadden moeten worden. Sommige mensen hebben het gevoel dat ze indringers zijn in het leven. Ze hebben het gevoel dat ze er niet bij horen, zelfs niet in het huis waarin ze wonen. Ze zijn hun hele leven bezig met werken en geld sparen om hun hypotheek te kunnen betalen, zodat ze een eigen huis kunnen hebben. Uiteindelijk lukt het hen om hun eigendomsakte te krijgen, maar nog steeds leven ze alsof ze eigenlijk niet geboren hadden mogen worden. Maar het eenvoudige en simpele feit is, dat we de kinderen zijn van onze hemelse Vader.

Lang geleden heeft Hij al besloten dat Hij jou erbij wilde hebben. *Hij heeft duizenden jaren geleden uitgezien naar de dag waarop jij ter wereld zou komen.* Het enige vlekje wat hij zag was het besef dat – vanwege de zondeval – je natuurlijke geboorte je niet zou binnenbrengen in de volle zegen van Zijn Vaderschap. Hij houdt nog steeds van ons als Vader, maar als we niet zijn wedergeboren zullen we geen enkele baat hebben bij Zijn Vaderschap *voor* ons. Hij zond Jezus om voor ons te sterven, zodat wij opnieuw geboren zouden kunnen worden. En de *tweede geboorte* zou ons alle zegeningen doen ervaren die voortvloeien uit het feit dat wij Hem hebben leren kennen als onze Vader.

Laten we eens kijken naar Psalm 139:16. In de HSV staat het zo:

'Uw ogen hebben mijn ongevormd begin gezien.'

Lang geleden, toen je lichaam werd gevormd in de baarmoeder van je moeder, zag God dat. Hij wist hoe je fysieke lichaam eruit zou zien voordat de wereld werd geschapen. Je bent niet het resultaat van evolutionaire processen of een gril van de natuur, zonder doel of reden van bestaan. Je ouders wisten niet of je een jongen of een meisje zou zijn, en daar hadden ze in ieder geval geen zeggenschap over. Maar lang geleden, toen God de tijden en gelegenheden voor jou vaststelde, en de plekken waar je zou wonen, wist *Hij* hoe je eruit zou zien.

Ik weet dat sommige mensen geboren zijn met lichamelijke gebreken, zoals blindheid, doofheid en ergere dingen. Op de een of andere manier heeft de mens deuren van zonde voor satan open gezet, waardoor hij kwetsbaar werd voor de vernielzucht van satan. Sommige dingen worden veroorzaakt door fouten op medisch gebied en het is mogelijk dat wij in de toekomst dingen ontdekken die wij mensen doen die problemen veroorzaken.

Maar het is zo, dat zelfs voordat je in de moederschoot was, God wist hoe je fysieke lichaam eruit zou zien en *Hij* zegt, dat we ontzagwekkend en wonderbaar zijn gemaakt.

Onze dochter is jarenlang een internationaal model geweest. Ik heb altijd al gedacht dat ze mooi was, zelfs als ze 's morgens net was opgestaan. Ik weet nog dat ik haar een keer vroeg: 'Die supermodellen, vinden zij zichzelf mooi?' Ze antwoordde: 'Niet één van hen.' Geen één van hen zou zeggen dat er niet iets mis was aan hen, iets waar ze niet blij mee waren. Hun knieën waren te knobbelig, hun neus was te groot of hun ogen waren te klein. Dit toont aan dat we het aangeboren besef hebben dat iets van Gods ongelooflijke schepping in ons geroofd is.

Hij die de schoonheid zelve is kan niet iets lelijks maken. Het hart van een kunstenaar wordt tot uitdrukking gebracht door wat hij geschilderd heeft, en er is niets mooiers dan God Zelf. Daarom, toen Hij jou en mij maakte, was dat een weergave van Zijn eigen wezen. Hij heeft ons mooi gemaakt. Veel mensen gaan door het leven met het gevoel dat ze het aanzien niet waard zijn. Ze willen niet ergens vooraan staan. Ze schamen zich. Ze zijn verlegen. Ze bedekken zich met sluiers om scheiding aan te brengen. Omdat zij zichzelf niet aanvaardbaar vinden vanwege hun uiterlijk, hun interesses, of hun manier van leven. Zij schamen zich onder de blikken van anderen, voor de interesses die zij hebben of voor hun manier van leven. God heeft een ieder van ons gemaakt en Hij heeft elk aspect van ons wezen verwekt.

Veel mensen voelen aan dat God de man heeft geschapen naar Zijn beeld, en dat de vrouw erbij is gehaald alleen maar om een handje te helpen, om zo te zeggen. Zij werd geschapen om zich uit te sloven, om samen te werken met de man. Wat ze echter niet in de gaten hebben, is dat de vrouw *ook* naar het beeld van God is geschapen. Ze beseffen niet dat vrouwelijkheid en het vrouw-zijn (net zo goed als mannelijkheid) een weergave zijn van het wezen van God Zelf. Het vrouwelijke is ook een weergave van hoe God is. Ik ken een vrouw die geen enkele spiegel in haar huis heeft, omdat ze ervan overtuigd is dat ze lelijk is, en een spiegel lijkt dat alleen maar te accentueren. Maar God heeft nog nooit iets lelijks gemaakt, en als men niet ziet hoe mooi jij bent, toont dat alleen maar het verschil aan tussen hen en God, omdat Hij vindt dat ik mooi ben, en Hij vindt dat jij dat ook bent!

Al dat Hollywood gedoe en die cultuur van beroemde mensen, heeft een ideaalbeeld geschapen van mooi zijn en 'er goed uitzien', waaraan niemand kan voldoen. Dat berooft ons van een gevoel van vertrouwen ten aanzien van ons voorkomen. Er is een gezegde: 'Als ik er niet gekleurd opsta, moet ik me opmaken.' Ik ben niet tegen het gebruik van make-up. Toen ik werd geïnterviewd voor

TV, zeiden ze tegen me dat ik make-up moest opdoen. Toen dat de eerste keer gebeurde wist ik niet wat ik hoorde! Ik moest mijzelf na afloop een stevige wasbeurt geven om het eraf te krijgen! Maar God heeft je mooi gemaakt en als men dat niet ziet, is dat niet jouw probleem; dat is hun probleem.

God Zelf is Degene Die mij het beste kent, en Hij is Degene Die het meest van mij houdt. Hij kent al mijn gebreken en houdt nog steeds onvoorwaardelijk van me. We kunnen niet zeggen: 'Ik houd niet van deze persoon, omdat hij zoveel gebreken heeft.' Als we niet van iemand kunnen houden of niet in staat zijn om anderen te laten merken dat we van hen houden, toont het alleen maar duidelijker het verschil aan tussen ons en God. God onze Vader heeft een ieder van ons verwekt in Zijn Geest en liefde, en Hij heeft ons geschapen om volstrekt beminnelijk te zijn. *Hij is onze echte Vader.* Hij is en zal *altijd* onze *echte* Vader zijn.

Je bent alleen maar even te leen gegeven aan je ouders. Zij wisten helemaal niets van je, maar Hij wel. Hij heeft de bijzondere eigenschappen in ieder menselijk individu verwekt. Hij heeft alles aan en in ons verwekt. Hij is onze werkelijke Vader, en wanneer wij Christus ontvangen en in Hem gaan wandelen, zullen we onze hemelse Vader de rest van de eeuwigheid kennen.

Hersteld om zonen en dochters te zijn

Als we spreken over het feit dat God onze Vader is, of over het ontvangen van de liefde van de Vader, hebben we het er niet over dat God in ons leven komt, en ons een ervaring of aanraking van zijn liefde geeft om onze emotionele wonden te genezen. Die dingen gebeuren zeker, maar wat er werkelijk gebeurt, is dat God ons aan het herstellen is, zodat we Zijn zoon en dochter zullen zijn. Hij is ons aan het verlossen, zodat wij Hem zullen leren kennen als onze Vader, net zoals Adam en Eva dat deden. Zelfs meer dan dat, net zoals Jezus Hem kende.

Het is de bedoeling van God de Vader dat wij tot in alle eeuwigheid zullen wandelen met Hem in Christus, als een zoon, in overeenstemming met Wie Hij is. Daar brengt Hij ons. Ik vind dat het meest geweldige punt: beseffen dat God mijn Vader is. Te weten dat alles wat ik ben, ontworpen is door mijn hemelse Vader, en dat ik Zijn zoon ben. Van eeuwigheid tot eeuwigheid ben ik Zijn zoon. Natuurlijk ben ik Jezus niet, maar de heerlijke werkelijkheid is, dat 'in Christus' Hij *mijn* Vader is geworden en ik Zijn zoon, nu en voor altijd. Dat is altijd al Zijn voornemen geweest. Daarvoor moest Hij mij vrijkopen, vanwege wat er in de Hof was gebeurd, maar ik was altijd al Zijn zoon, en dat zal ik ook altijd blijven.

Duizenden jaren heeft de Vader erop gewacht dat jij ter wereld zou komen. En toen je kwam, vierde Hij dat, omdat Hij jou al kende, lang voordat je in de moederschoot was. Hij heeft gewacht op de dag dat jouw geest de openbaring ontving dat Hij je *echte* Vader is. Zoals iedere liefdevolle vader uitziet naar de dag waarop zijn kind voor het eerst zegt: 'papa', heeft God de Vader op jou gewacht, dat je zou opzien naar Hem en zou uitroepen, vanuit het diepst van je hart: 'Pappa!'

HOOFDSTUK ZES

De geest van een wees

∼

Ik hoorde de term 'geest van een wees' voor het eerst op een conferentie in Toronto in 2002. Ik hoorde de Heer het zeggen, vijftien minuten voordat ik zou gaan spreken. Snel sloeg ik mijn Bijbel open en een vers dat ik al vaak had gelezen viel me op en dat veranderde alles. Ik stapte het podium op en terwijl ik sprak sloten alle onderdelen van mijn boodschap op elkaar aan. Ik wist niet wat mijn boodschap zou zijn, maar dit vers gaf me plotseling licht en het is een van de bekendste boodschappen geworden in deze hele openbaring van en over de Vader. Je zou eigenlijk kunnen zeggen dat het het paradepaardje geworden is van het onderwijs in onze bediening, waaruit het fundamentele gedachtegoed van wat wij onderwijzen is voortgekomen.

Het vers dat mij trof was Johannes 14, wat Jezus zei aan het eind van Zijn leven, ongeveer een week voordat Hij werd gekruisigd. Jack Winter heeft eens gezegd dat de laatste woorden van iemand waarschijnlijk de belangrijkste woorden zullen zijn die hij ooit heeft gesproken. Toen ik die dag dat vers las, in Toronto, had ik het gevoel dat de zwaartekracht verschoof en de aarde van plaats veranderde. Vanaf dat moment is mijn leven als christen nooit meer hetzelfde geweest. Ik heb in mijn leven diverse openbaringen ontvangen – maar deze heeft het perspectief op hoe ik mijn eigen leven leid buitengewoon veranderd. Ik heb een Pinkster-Charismatische theologische achtergrond. Maar nu werd ik binnengeleid in een perspectief van de Vader, zoals ik nooit eerder had gezien.

Een vreemd kort vers

Voordat ik je ga vertellen welk vers dat is, wil ik je eerst wat achtergrondinformatie geven. Het Evangelie van Johannes was het eerste boek in de Bijbel dat ik heb gelezen. Dit vers heb ik dus al heel vaak gelezen. Maar ik had nog niet gezien hoe belangrijk het is. Eigenlijk vond ik dat het een vreemd kort vers was. Een vers dat ik niet zo goed begreep. Er staat een woord in dat nergens anders in het boek wordt gebruikt, dan slechts op één andere plaats in het hele Nieuwe Testament. Maar in die samenkomst in Toronto sprong het als het ware van de pagina af naar me toe, en alles werd anders. God opende mijn verstand en liet me iets zien, wat ik nooit eerder had gezien.

Ik wil je een indruk geven van waarom het zo'n grote uitwerking op mij heeft gehad. Toen ik nog op de Bijbelschool zat, gaven ze ons de sleutelwoorden van elk hoofdstuk van het boek Johannes. Door dat ene woord uit je hoofd te leren, kon je onthouden waar het hele hoofdstuk over ging. Zo was er ook één woord dat de sleutel vormde voor een juist begrip van het hele boek Johannes. In dat vers (Johannes 20:31) staat: *'Deze dingen zijn opgeschreven, opdat je zult geloven dat Jezus de Zoon van God is, en dat je, door dat te geloven, leven zult ontvangen in Zijn Naam.'* Dat kon ik helemaal volgen. Maar toen de Heer mijn ogen opende voor dit vers in Johannes 14, zag ik dat dit vers het sleutelvers zou kunnen zijn van *het hele Nieuwe Testament, misschien zelfs voor de hele Bijbel.* Het is verbazingwekkend dat een 'vreemd, kort vers' opeens zo ongelooflijk belangrijk blijkt te zijn.

Het vers dat voor mij alles veranderde is Johannes 14:18. Het is een simpel kort vers, maar er zit zoveel in. Jezus heeft het gezegd, en Johannes heeft het opgeschreven:

'Ik zal jullie niet als wezen achterlaten. Ik zal naar jullie toekomen.'

Toen dit perspectief voor mij begon te dagen, voelde ik voor het eerst van mijn leven, dat ik begon te begrijpen wat het fundamentele probleem van de mens is. Niet alleen het fundamentele probleem van onze individuele worstelingen, maar ook de worstelingen die we hebben in de relaties die we met elkaar hebben. Het fundamentele probleem in het gemeenteleven, de onenigheid tussen denominaties, familiaire geschillen en ook de oorlogen tussen landen. Plotseling zag ik de wortel van het probleem van de worsteling van de mens op deze aarde door de hele geschiedenis heen. Het was een complete beeldverschuiving.

Iemand heeft ooit tegen mij gezegd: 'James, het lijkt wel of jij vindt dat Gods liefde het antwoord is op elk probleem van de mens.' Dat geloof ik inderdaad, met heel mijn hart, omdat ieder probleem terug te brengen is tot het feit dat Adam en Eva hun plek in Eden zijn kwijtgeraakt, hun plek in de Vader zijn verloren, en niet ervaarden dat de Vader van hen hield! Toen dat gebeurde, raakte het menselijke ras Gods totale voorziening kwijt en de innige gemeenschap met Hem.

Dus, toen Jezus zei: *'Ik zal jullie niet achterlaten als wezen. Ik zal naar jullie toekomen,'* waar had Hij het toen eigenlijk over?

We zijn allemaal wezen

Allereerst moet ik zeggen dat deze woorden niet in het hart en de gedachten van Jezus zijn opgekomen. Hij sprak ze wel uit, maar ze kwamen niet voort uit *Zijn* gedachten of theologie. Ze kwamen van Zijn Vader. Jezus zei: *'De woorden die Ik spreek, zijn niet Mijn woorden. Ik zeg alleen wat de Vader Mij gezegd heeft dat Ik moet zeggen. Maar ik zeg ze op de manier zoals Hij het me heeft gezegd.'* (Johannes 12: 49-50). Deze woorden kwamen voort uit het hart van de Vader.

Toen Jezus de woorden sprak: 'Ik zal jullie niet achterlaten als wezen', moet je beseffen dat Hij deze woorden niet uitsprak in een weeshuis! De meeste mensen die naar Hem luisterden waren geen wezen in de natuurlijke zin. We kunnen met zekerheid stellen dat Petrus en Andreas erbij waren. Zij waren aan het vissen geweest met hun vader toen Jezus hen riep, dus weten we dat ze een vader hadden. Jacobus en Johannes hadden ook een vader. Zij waren de zonen van Zebedeüs (ook bekend onder de naam 'zonen des donders'). We weten dat hun moeder nog leefde, omdat zij naar Jezus toekwam en aan Jezus vroeg of haar zonen aan de rechterhand en linkerhand van Jezus zouden mogen zitten in Zijn aanstaande koninkrijk. Zij was een volgeling van Jezus en geloofde dat Hij de Messias was. Het was duidelijk dat zij van haar zonen hield en het beste met hen voorhad. Het is dus duidelijk dat ze geen wezen waren.

Slechts een klein gedeelte van de toehoorders op die dag waren in feite wees. En toch waren de woorden van de Vader voor hen allen: 'Ik zal jullie niet als wezen achterlaten. Ik zal naar jullie toekomen.' Dat is Gods woord voor ons zoals ze opgetekend is door alle eeuwen heen.

Daaruit kunnen we concluderen dat *de Vader het hele menselijke ras ziet als wezen. Hij ziet ons allemaal als wezen.*

DE OORSPRONKELIJKE GEEST VAN EEN WEES

Waarom beschouwt God het hele menselijke ras als wezen? Om dit gezichtspunt te begrijpen, dat de hele wereld zich in een staat van 'wees-zijn' bevindt, moeten we teruggaan naar haar oorsprong. Laten we kijken naar Jesaja, hoofdstuk 14, waarin het gordijn wordt opengeschoven (om zo te zeggen), en we een glimp opvangen van wat er gebeurd is, zelfs lang voordat de mensheid werd geschapen. Het is een profetie die werd uitgesproken door de profeet Jesaja over de koning van Babylon, gekoppeld aan een woord voor die tijd. Maar voor veel profetieën geldt dat er meer dan één uitleg aan kan worden gegeven, en dat ze op meerdere niveau's van toepassing zijn.

Vanaf vers 12 is het duidelijk dat er nog een toepassing mogelijk is, die veel verder teruggaat dan de tijd van Jesaja en de koning van Babylon. Het is zelfs zo, dat in sommige vertalingen van de Bijbel dit gedeelte wordt voorafgegaan door een kopje met de titel *'De val van Lucifer'*. Veel Bijbelgeleerden geloven dat dit gedeelte gaat over de oorsprong van satan.

Dit gedeelte begint met: *'Hoe ben u uit de hemel gevallen, morgenster, zoon van de dageraad! U ligt geveld op de aarde, overwinnaar over de heidenvolken! En u zei in uw hart...'* En dan volgen er vijf uitspraken die beginnen met de woorden: 'Ik zal.' We zien dus dat de val van Lucifer begon, toen hij zich in zijn hart iets voornam: 'Deze dingen zal ik doen.'

'Ik zal opstijgen naar de hemel, tot boven Gods sterren zal ik mijn troon verheffen, ik zal zetelen op de berg van de ontmoeting aan de noordzijde...' (Jesaja 14:13).

Ik ben niet zeker van de complete betekenis van dit vers maar ik begrijp *wel* de uitspraak *'Ik zal.'* Hij zei: *'Ik zal opstijgen boven de wolkenhoogten'*, en zijn uiteindelijke ambitie was: *'Ik zal mezelf gelijk stellen aan de Allerhoogste.'* De ambitie die in Lucifers hart opkwam was de almachtige God te vervangen, Zijn plaats in te nemen, om zo uiteindelijk aan Hem gelijk te worden. Hij zei niet: 'Ik ga naast God staan,' maar *'ik zal mezelf aan Hem gelijk maken!'* Het was niet satans bedoeling om zoals God te worden, maar om Zijn *plaats in te nemen*! Als dat zou gebeuren, zou satan de hoogste autoriteit in het hele universum zijn.

Ik geloof dat deze ambitie zodanig toenam, dat hij werkelijk geloofde dat hij erin was geslaagd, toen de Levensvorst werd gekruisigd. Hij had niet in de gaten, dat er (om de woorden van C.S. Lewis te gebruiken) een 'diepere magie' werd gebruikt, die zou resulteren in zijn uiteindelijke ondergang en nederlaag.

Het voornaamste punt dat ik hier wil stellen, waar dit onderwerp op rust, is dit: Toen Lucifer zijn duistere ambitie najoeg om de Allerhoogste van de troon te stoten, was wat hij in feite zei: 'Ik duld geen Vader boven me!' Van nature is God 'Vader', en de hemel is altijd vervuld geweest van Zijn Vaderschap. Daardoor zei Lucifer in wezen:'Ik wil geen Vader boven me hebben, *ik* wil de vader zijn. Niemand zal boven me staan. Ik ben geen zoon. Ik ben aan niemand onderworpen.'

Er is een Bijbelgedeelte in Ezechiël 28:12-19 dat hier erg veel op lijkt. Dit keer is het Ezechiël die over de koning van Tyrus profeteerde, en ook hier is het voor een andere uitleg vatbaar, die verder gaat dan de context van de tijd, waarin het werd gegeven. Het geeft ons inzicht in de oorsprong van het wees-zijn. Het heeft betrekking op Lucifer. Er staat:

'U, toonbeeld van volmaaktheid, vol wijsheid en volmaakt in schoonheid, u was in Eden, de Hof van God. Allerlei edelgesteente was uw sieraad.'

Zoals we hier lezen, was satan niet een walgelijk schepsel. Hij stond bekend als de 'Schitterende'. Hij was vol wijsheid en volmaakt in schoonheid; *'u was in Eden, de Hof van God. Allerlei edelgesteente was uw sieraad.'* Hij was getooid met een ongelooflijke schoonheid, de mooiste van alle wezens. Hij was ook vol wijsheid, maar omdat hij verliefd was op zijn schoonheid, was zijn wijsheid verdorven geraakt. In zijn oorspronkelijke staat had hij een plaats in de onmiddellijke nabijheid van de Troon van God.

'U was de gezalfde cherub die zijn vleugels beschermend uitspreidt. Daarvoor heb ik u aangesteld. U was op Gods heilige berg. Volmaakt was u in al uw wegen, vanaf de dag dat u geschapen werd, totdat er ongerechtigheid in u gevonden werd.' (Ezechiël 28:14-15).

Die ongerechtigheid was de ambitie van zijn hart om God te vervangen en God aan de kant te schuiven. Hij was eropuit om God aan de kant te schuiven en Zijn plaats in te nemen, zodat hij kon doen wat hij wilde, om de hoogste autoriteit te worden in zijn eigen leven. Dat is ook nu nog de voornaamste drijfveer van alle zonde.

In vers 16 staat: *'Door de overvloed van uw handel werd u vervuld van geweld, en ging u zondigen.'* En dan staan er deze woorden: *'Daarom verbande Ik u van de berg van God.'* In vers 17 staat:

'Trots was uw hart op uw schoonheid', Let op dat er niet staat dat zijn schoonheid hem was afgenomen. *'Met uw pracht hebt u ook uw wijsheid verdorven. Ik wierp u ter aarde.'*

In andere vertalingen wordt de term 'Ik verbande u' gebruikt, of 'Ik wierp u op de aarde.' Jezus zag satan als een bliksemflits uit de hemel vallen. Dat moet zeer indrukwekkend geweest zijn! Hij werd op de grond gesmeten, weg uit Gods nabijheid, weg van de berg van God, uit de hemel, op de aarde, en hij nam zijn engelen mee.

Verstoten uit de liefde van de Vader

Ik weet niet hoe de hemel eruit ziet. Ik ben daar niet geweest. Het enige wat ik weet is wat er in de Bijbel over staat, dat er in de hemel geen zon of maan nodig is, omdat God Zelf het Licht is. God vult de hemelen. En omdat God liefde is, wil dat zeggen dat de hemel vol is van liefde.

Bedenk eens wat dat wil zeggen. Wij zullen leven in een omgeving waar iedere ademtocht van ons is als het inademen van vloeibare liefde. We zullen voortdurend leven in een omgeving van totale liefde. Voor verwerping zal met geen mogelijkheid plaats zijn, omdat je elke seconde totale aanvaarding zult inademen. Absolute allesdoordringende liefde.

Niet alleen is de hemel gevuld met liefde, ze is vol van een heel bijzondere soort liefde. Ze is gevuld met de liefde van een Vader, omdat God Vader is. Uit Hem is alles wat geboren is. Wij kunnen geen enkel ding tot leven roepen. Hij heeft het initiatief genomen voor onze redding. Wij hebben alleen maar op de uitnodiging gereageerd. Hij is Degene Die alles geschapen heeft, en wij leven in alles wat Hij ons heeft gegeven. Vanuit Zijn wezen en aard, *is* God Vader.

Het is niet iets dat Hij is geworden. In de eerste plaats, boven alles, en in de diepste betekenis is Zijn liefde een vaderende liefde.

Omdat satan God als vader heeft verworpen, werd hij uit de hemel geworpen, en daardoor raakte hij verstoten van elke vorm van vaderschap. Hij *wilde* vaderloos zijn. Zijn hele wezen wordt gekarakteriseerd door *vaderloosheid*. Hij is een wees en *wil een wees zijn*. Daarom is er voor hem geen verlossing. Hij leefde in de volmaakte openbaring van Wie God is, en koos ervoor om Hem te verwerpen. Toen hij op de aarde werd geworpen werd hij het toonbeeld van de *geest van de wees*.

De apostel Paulus had inzicht in de dingen waar ik het over heb. In Ef.2:2 schreef hij: '*Waarin u voorheen gewandeld hebt, overeenkomstig het tijdperk van deze wereld, overeenkomstig de wil van de aanvoerder van de macht in de lucht, van de geest die nu werkzaam is in de kinderen van de ongehoorzaamheid.*' Met andere woorden, voordat je christen werd, werkte er een geest in je die je meevoerde met het wereldsysteem. In dat wereldsysteem zondigde je, leefde los van Gods plannen, en moest je tot leven worden gewekt. De aanvoerder van de macht in de lucht voerde je mee op zijn weg van ongehoorzaamheid, en zijn wegen van wees-zijn.

DE WERELD IS EEN WEESHUIS

Als we begrijpen dat satan de geest van een wees heeft, zien we dat de wegen van de wereld in feite de wegen van een wees zijn. Satan heeft de hele wereld misleid. Hij heeft ons langs zijn pad meegevoerd naar *zijn* waardesysteem, zodat het hele wereldse systeem werkt op de manier van een wees. Als we zonde beschrijven als 'je doel mislopen', zouden we eigenlijk moeten zeggen: 'De Vader mislopen, en het leven leiden van een wees.

Stel je eens even voor wat het voor een wees moet betekenen om in een weeshuis te wonen, en hoe het moet zijn voor een zoon om een veilig thuis te hebben met liefhebbende ouders. Er is een gigantisch verschil tussen die twee.

Laat me enkele karaktertrekken van het wees-zijn schetsen. Het voornaamste kenmerk van een wees is dat hij geen naam heeft. De naam van een wees wordt vaak veranderd, of hij wordt alleen achtergelaten. Eigenlijk kent niemand zijn identiteit. Hij heeft geen historie, weet niet waar hij vandaan komt. Het is alsof je naam niets voorstelt. Als je in een goed gezin terecht bent gekomen, krijg je de naam van je vader, of van de vader daarvoor, en zo verder terug in de geschiedenis. Je hebt dezelfde achternaam als je broers en zusters en je hebt het gevoel dat je bij een gezin hoort, omdat je dezelfde achternaam hebt. In de wereld zie je dat men zelf een naam kiest, in een poging om mee te tellen, om iets te doen waardoor je een plek in de maatschappij kunt innemen. Wees-zijn is niet iets wat alleen maar met de wereld te maken heeft. Het is de fundamentele staat van het hart van de mens.

Ook in de kerk zien we mensen die wees zijn. We zien mensen die in de bediening staan en proberen een naam voor zichzelf te creëren, door 'een belangrijk werk' te doen, door te proberen bij een belangrijke bediening betrokken te zijn. Ik weet nog dat ik ook die ambitie had. De motivatie hierachter is, dat als ik iets belangrijks doe, het wil zeggen dat *ik* belangrijk ben. Een gezegde in de wereld zegt: 'Als je belangrijk wilt zijn, ga dan iets belangrijks doen'. Dat is kenmerkend voor een wees. Een zoon of dochter ontleent zijn of haar identiteit aan het gezin waartoe ze behoren, en aan het geliefd zijn en gekoesterd worden gewoon om wie ze zijn.

Nog iets over wezen is het volgende. Niemand geeft hen iets.

Ze krijgen geen cadeautje met Kerst of op hun verjaardag. Als ze al een cadeau krijgen, is dat afkomstig van het weeshuis en wordt het willekeurig uitgedeeld. Alleen maar bij toeval krijg je iets dat je graag wilde hebben. Misschien dat een jongetje een zeilboot wilde hebben, maar kreeg hij een vrachtauto. Gewoon een lukraak geschenk, zonder enige persoonlijke betekenis eraan verbonden. Een verjaardag of Kerst heeft geen enkele betekenis voor een wees. Dat houdt in dat je niets voor niets krijgt. Dat is kenmerkend voor deze wereld. Je bent op jezelf aangewezen, niemand zal je iets geven, er bestaat niet zoiets als een 'gratis lunch'. Dus moet je ervoor zorgen dat je de beste wordt.

Een wees krijgt geen erfenis, dus moet je vechten voor wat je wilt hebben. Zorg ervoor dat niemand het van je kan afpakken, want je kunt erop rekenen dat ze dat zullen proberen! Zo is het leven in een weeshuis. De grote jongens pikken het brood af van de kleine jongens. Zo gaat het toe in de wereld. Kijk maar hoe het gaat in ons financiële stelsel. Ze zeggen: 'Het is puur zakelijk, niet persoonlijk bedoeld!' Maar het raakt *wel degelijk* de persoon die in het verliezende kamp zit. Een wees vindt het erg moeilijk om iets weg te geven, omdat hij het gevoel heeft dat niemand hem ooit iets zal geven. En als hij iets weggeeft, wordt hij er niet beter van. Maar een zoon bekijkt het anders: 'Mijn Vader is erg vrijgevig en buitengewoon rijk en Hij geeft goede dingen.'

De systemen waardoor deze wereld worden bestuurd zijn 'wees-systemen'. Bijvoorbeeld: wist je dat democratie niet hetzelfde is als het Koninkrijk van God? Misschien dat democratie de beste manier is om voor wezen te zorgen in een gevallen wereld, maar het is nog steeds een 'wees-systeem'. Maar zo heerst God niet over Zijn rijk. Jammer genoeg worden veel gemeenten geleid volgens de principes van de democratie. Als je te maken hebt met een gemeente waar het leiderschapsteam het hart van een wees heeft, zal de hele bediening het gevoel geven van wees-zijn. Dat dringt in alles door.

Nog een voorbeeld: het kapitalisme. Voor iemand die een kapitalist is, is het kapitalisme misschien de beste manier om met wezen om te gaan, maar het is zeker niet een systeem dat is gebaseerd op rechtvaardigheid. Het is gebaseerd op 'wees- waarden' die berusten op voordeel halen uit kopen en verkopen – en zoveel mogelijk voordeel, ongeacht of het wel rechtvaardig is en eerlijk. Het koninkrijk van God is anders. Het Koninkrijk van God gaat uit van het principe van *alles* weggeven wat je hebt – en alles van God *ontvangen*. Als iemand je dwingt om één mijl met hem mee te gaan, ga dan verder mee. Als iemand je op de wang slaat, keer hem dan ook de andere wang toe. Als iemand je overhemd afneemt, geef hem dan ook je jas.

Ik heb niets tegen zakendoen. Ik heb niets tegen winst maken. Zo zit de wereld in elkaar, en wij moeten ermee leren omgaan. Maar we moeten ook beseffen dat het niet de handelwijze is in het Koninkrijk van God. Het Koninkrijk van God heeft een ander geheel van waarden, en wij moeten zoveel als mogelijk is functioneren binnen Gods Koninkrijk, en werken volgens Zijn principes. Sommige kerken besteden hun hele budget volgens de principes van het kapitalisme en dat bindt hen vast! God kan veel meer dan we denken, en als wij ons denken beperken tot wat er mogelijk is binnen het kapitalistische systeem, dan beperken we wat God kan doen. Maar als we op God vertrouwen om te voorzien binnen *Zijn* financiële systemen, laten we het wees-zijn achter ons en komen we tot zoonschap!

Het verschil tussen niet-christendom en christendom is het verschil tussen wees-zijn en zoon-zijn.

Een denkbeeldige reis

Ik wil je meenemen op een korte denkbeeldige reis. Stel je eens even voor hoe het geweest moet zijn voor Adam toen hij geschapen werd. We hebben maar een paar woorden in Genesis hoofdstuk 3. Daar staat: *'God vormde de mens uit het stof van de aardbodem, en blies de levensadem in zijn neusgaten, zo werd de mens tot een levend wezen.'* Stel je eens voor dat je een engel was, die toekeek hoe God het universum schiep. Hoe zou dat zijn geweest?

Ik heb me vaak afgevraagd waarom God de mens niet op de eerste dag heeft geschapen, zodat de mens had kunnen zien hoe Hij alles schiep. Dat zou toch iets buitengewoons zijn geweest, nietwaar? Waarom wachtte God tot de middag van de zesde dag, voordat Hij de mens schiep? De enige reden die ik kan bedenken is, omdat Hij niet wilde dat de mens Hem zou leren kennen als een werkende Vader. Als hij getuige was geweest van het scheppen als handeling op zich, zou dat heel goed ertoe hebben kunnen leiden dat de mens iemand zou zijn geworden die hard zijn best doet om iets voor elkaar te krijgen. Wij zijn geschapen voor de rust van God, en als we niet op die plaats van rust komen, zal dat onze relatie met God belemmeren. Daarom staat er in de Bijbel: *'Wees stil, en weet, dat Ik God ben.'* (Psalm 46:10).

God formeerde de mens. Hij sprak alles tot aanzijn door het woord van Zijn macht, maar Hij formeerde de mens door het stof bijeen te schrapen. Er moet een moment zijn geweest, waarop de engelen stonden te happen naar adem van verbazing toen het bij hen begon te dagen dat God een kopie van Zichzelf aan het maken was. Het was een volmaakte schepping.

Toen Hij deze mens aan het formeren was, kwam er een moment

dat het lichaam uiteindelijk klaar was. Een volmaakt geboetseerd volwassen lichaam, maar nog steeds zonder leven. Toen blies God in de neusgaten van de mens. Je moet wel heel dichtbij iemand komen wil je in zijn neusgaten kunnen blazen. Als jij hiernaar had gekeken, waar had het dan op geleken? Het zou er hebben uitgezien alsof God Adam kuste.

Als een moeder haar pasgeboren kindje in haar armen neemt, zie je een blik van absolute verwondering en ontzag op haar gezicht. Alle pijn van de bevalling is vergeten, en liefde, tederheid en verbazing komen samen in de uitdrukking op haar gezicht. Ik denk dat er geen enkele vrouw is, die dat gevoel niet heeft wanneer ze bevallen is van haar eerste kind. Ze weet dat er een verbazingwekkend wonder heeft plaatsgevonden.

God de Vader is het prototype van de ouder van alle tijden. Hij is de ultieme ouder en wij zijn een afdruk van Hem. Toen Hij in de neusgaten van Adam blies, bracht Hij een zoon ter wereld. Ik kan me voorstellen dat dit een van de ongelooflijkste momenten in de geschiedenis is geweest. Als je hier getuige van zou zijn geweest, zou je al die liefde en tederheid van de Vader op Zijn gezicht hebben gezien.

Maar wat zou je zien als je naar Adam had gekeken? Dan zou je hebben gezien dat zijn borst rees en daalde bij iedere ademtocht, toen zijn longen werden gevuld. Zijn hart zou beginnen te kloppen. Je zou een kleur over zijn lichaam zien komen op het moment dat het bloed door zijn spieren, het weefsel en zijn huid werd gepompt. Alles in zijn lichaam zou gaan functioneren. Misschien dat vanaf het moment dat de spieren zuurstof kregen, je lichte beweging zag komen in zijn vingers, zijn tenen en zijn oogleden. Er zouden dingen gaan bewegen, omdat zijn lichaam tot leven kwam. Niet alleen zijn lichaam zou tot leven zijn gekomen, ook zijn hersens zouden gaan werken. Hoe moet dat zijn geweest voor zijn geest om te gaan functioneren zonder dat er iets was om aan te denken? En zijn geheugen kon gaan werken, terwijl er nog geen herinneringen waren! Helemaal niets! Hij zou wel een persoon zijn, maar er zou nog geen input zijn. Zoiets als een computer die wordt aangezet terwijl er geen processor in zit. Er is nog geen beeld.

En dan breekt het ogenblik aan waarop Adam zijn eerste input ontvangt. Wat denk je was dat moment? Wat zorgde ervoor dat hij zijn eerste input kreeg? Ik denk dat 't het moment was waarop hij zijn ogen opendeed. En toen hij zijn ogen opendeed, wat zag hij toen, denk je? Liefde druk je uit door iemand aan te raken, door je stem te gebruiken, en door iemand aan te kijken. Ogen zijn de spiegel van de ziel.

Adam deed dus zijn ogen open. Denk jij dat de Vader even niet in de buurt was, de krant aan het lezen was, TV aan het kijken of aan het voetballen was? Mooi niet! Hij liep over van liefde voor Zijn zoon toen Hij Zich bezighield met Hem tot bestaan te brengen. God is geen deeltijd-vader. Hij is er altijd. *Wij* kunnen in beslag genomen worden door andere dingen, maar Hij heeft niets anders om Zich mee bezig te houden. Hij is op ons gericht! Toen Adam zijn ogen opendeed, bevond hij zich onder een Niagara Waterval van liefde van de Vader. *Hij ontving alle liefde die er in het hele universum te vinden is.* Wat een overweldigende gedachte! Ik kan me niet voorstellen wat dat voor hem betekend moet hebben, dat het allereerste wat hij ooit ervaarde, de volkomen liefde van de Almachtige God was. Adam wist dat hij volmaakt, en volkomen geliefd was door God.

Ik dacht dat ik de enige was die hierover heeft nagedacht, maar op een dag besefte ik, dat de apostel Paulus dit ook heeft gezien. Toen de volle betekenis van dit vers tot me doordrong, dacht ik: 'Paulus, jij oude vos! Jij wist dit ook!' Luister naar wat hij zegt:

'Ik bid, dat u geworteld en gefundeerd in de liefde bent, opdat u ten volle zult begrijpen, met alle heiligen, wat de breedte en lengte en diepte en hoogte is, en u de liefde van Christus zou kennen, die de kennis te boven gaat, opdat u vervuld zult worden tot heel de volheid van God.' (Efez. 3:17-19).

Geworteld en gegrond in liefde. Het fundament van Adams leven was *geworteld* en *gegrond* in liefde. Is dat niet geweldig? De erfenis van iedere christen is, dat je ogen opengaan voor de ongelooflijke liefde van de Vader voor ons. Dat is niet een extraatje voor het christendom. Het is het fundament! Het is niet een nieuw boek op de boekenplank, om het zo maar te zeggen. Het is de boekenplank zelf! Het is niet de een of andere ervaring die toegevoegd wordt aan zoveel andere ervaringen. Dit is de basis voor alles! Het fundamentele punt van waaruit ik alle dingen interpreteer, is dat *de Vader je lief heeft.*

Een paar jaar geleden kwam er een man naar me toe, die zei: 'James, jij zegt dat de liefde van de Vader het fundament is, maar eigenlijk…is het kruis het fundament, toch?' Nooit eerder heeft iemand mij die vraag gesteld, en ik had er eerder ook niet bij stilgestaan. In een oogwenk zag ik het, en ik antwoordde: *'Het kruis is een uitdrukking van de liefde van de Vader. De liefde van de Vader is niet een uitdrukking van het kruis.'*

Laat ik het zo zeggen. Als je wordt wedergeboren, duik je in de bron van je behoudenis, je ontmoet de liefde van Jezus. Je duikt vervolgens dieper en je wordt gewassen door het bloed! Je duikt nog dieper en Hij wordt je Heer! Je gaat nog dieper en je wordt vervuld met de Heilige Geest! Je gaat nog dieper en je bent in staat om te bewegen in tekenen en wonderen. Je gaat nog dieper en je bent klaar om de bediening in te gaan en de zalving! Je gaat dieper en dieper in de rechtvaardiging en de heiliging. Tenslotte kom je op de bodem van de bron, van waaruit *alles* ontspringt. De liefde van de Vader. Dat is het! Hij is de Bron. Zijn liefde is de liefde die boven alle andere liefdes uitstijgt.

Het Paradijs

Adam was geworteld en gegrond in de liefde vanaf het moment dat hij zijn ogen opende. Daarna schiep God een vrouw voor hem. Zij had op dat moment nog geen andere naam. Zij heetten allebei Adam. Liefde is één zijn. Adam en Eva hadden die eenheid, op dezelfde manier als wij ook verlangen om volkomen één te zijn met elkaar. God had een prachtige omgeving gecreëerd, waarin Hij hen plaatste.

Adam en Eva leefden in die Hof, volkomen verzadigd door de liefde van de Vader. Hij leefde elke dag in eenheid met hen. We moeten bedenken dat de relatie van God met Adam een relatie was van een vader met zijn zoon. De Schrift noemt Adam 'de zoon van God'. Ik heb geprobeerd me voor te stellen hoe hun leven moet zijn geweest, maar ik kan het niet begrijpen. Ze moeten voortdurend in vrede hebben geleefd. Een *onvoorstelbare* vrede. Er zou niet eens een woord voor die vrede kunnen zijn, omdat er geen vergelijkingsmateriaal was. Ze leefden in volmaakte blijdschap. Je zou bij hen kunnen gaan zitten en proberen om het begrip onveiligheid uit te leggen, en ze zouden niet in staat zijn geweest om te begrijpen waar je het over had. Het woord angst behoorde niet tot hun woordenschat. Het leven in de Hof van Eden kende het begrip schuld niet, maar in zekere zin was ze het toppunt van volwassenheid. Wij streven naar wat zij op een natuurlijke manier bezaten.

Wij weten dat satan een val voor hen had opgezet en toen hij dat deed, deed hij dat heel gewiekst. Toen ik nog jong was ben ik een tijdje pelsjager geweest, en verkocht ik dierenhuiden om in leven te kunnen blijven. Ik heb veel vallen gezet in de bossen, en ik weet heel goed dat je ervoor moeten zorgen, dat ze er aantrekkelijk uitzien. Je vangt niets als een val er gevaarlijk uitziet voor het dier dat je wilt vangen. Het moet er *beter* uitzien dan iets gewoons, en aantrekkelijker dan iets alledaags. Op die manier zal de prooi in de val lopen door wat hijzelf doet.

Het eerste deel van satans valstrik was dat hij de vrouw voorhield, dat als zij van de boom zou eten, ze gelijk zou zijn aan God. Eva *hield* van God. Wie van ons heeft er niet gebeden dat God ons zou doen lijken op Jezus? Waarom bid je zoiets? Omdat je van Hem houdt! Liefde wil lijken op, en één worden met wat het liefheeft. Natuurlijk had ze belangstelling voor wat satan beloofde. Ze wilde zijn zoals haar Vader. Ze *hield* van God.

Satan liet haar zien dat de vrucht mooi was. Ik weet één ding, en dat is, dat vrouwen van schoonheid houden. Ik ben geweest op plekken waar alleen maar mannen in huis waren, en er was niets moois te vinden. Het was alleen maar functioneel. Vrouwen houden van schoonheid.

Eva keek naar de vrucht en zag dat die mooi was. Ze zag dat hij goed was om op te eten en je ermee te verzorgen. Verzorgen kan je op verschillende manieren uitleggen, maar de meest gangbare betekenis is, zorgen voor goed voedsel. Het kan ook een uitdrukking zijn van liefde, zorg en verzorging van het gezin. Eva stak haar hand uit, pakte de vrucht en nam een hap. En toen ze een hap had genomen, wat gebeurde er toen? *Helemaal niets.*

Adam en Eva waren zo één met elkaar, dat ze zelfs niet los van elkaar konden zondigen. Pas toen *hij* er *ook* van had gegeten gingen bij hen beiden de ogen open, en de val klapte dicht...Ping! Er was geen weg terug. Ze konden niet ontsnappen. De gevolgen waren als in beton gestort. Ik denk dat ze geen flauw idee hadden wat de gevolgen zouden zijn. Ze wisten, dat als ze van de vrucht zouden eten, ze zouden sterven, maar dat zou waarschijnlijk het minst erge gevolg zijn geweest voor zover het hen betrof.

De eenheid tussen hen tweeën was weg. *'En Adam noemde zijn vrouw Eva, omdat zij de moeder was van alle levenden.'* (Genesis 3:20). Toen pas kreeg Eva een eigennaam. Ze werden twee, terwijl ze daarvoor één waren. C.S. Lewis merkt op dat er vanaf dat moment een zwaard tussen de seksen kwam, een zwaard van vijandschap tussen het mannelijke en het vrouwelijke, wat nog steeds moet worden hersteld. En God maakte voor hen kleren van huiden en gaf hen die. Zo waren zij er getuige van dat er bloed moest vloeien. *'Toen zei de Heer: 'Zie, de mens is geworden als één van ons, kennende goed en kwaad. En nu, opdat hij niet zijn hand zal uitstrekken naar de boom des levens, en ervan zal eten, zodat hij voor eeuwig zal leven'* ...*'*, (vers 22.). Daarom zond de Heere God hen weg uit de Hof van Eden.

Nu ze in de val zaten, werd zonde hun meester. Het probleem van de zonde is dat ze je beetpakt en dat je niet uit jezelf los kunt komen. De zonde heeft je overmeesterd. De enige manier waarop je uit de macht van de zonde los kunt komen is door het bloed van Jezus. Je kunt niet de macht van zonde verbreken door anders te gaan leven, maar als je het bloed van Jezus aanwendt, word je uit de greep van de zonde verlost. Adam en Eva stapten in de zonde, maar het bloed van Jezus stond nog niet tot hun beschikking.

Twee verschrikkelijke opties

God moest een ontzettend moeilijke beslissing nemen. Houd in gedachten dat Hij hen liefhad en alleen maar het beste voor hen wilde. Maar nu hebben ze het verkeerde pad genomen, waardoor er maar twee mogelijkheden overbleven. Hij zou hen weg kunnen sturen of Hij kon ze in de Hof achterlaten, waardoor ze voor altijd zondaren zouden blijven.

God keek naar Adam en Eva terwijl het gewicht van de zonde op hen neerdaalde. Nu zouden ze steeds dieper wegzinken in radeloosheid, terwijl ze een steeds zwaarder wordende zondenlast zouden moeten dragen. Hun persoonlijkheid zou van binnenuit wegkwijnen, gevangen door hebzucht, onzekerheid en angst. Het enige waar ik aan kan denken is Gollum, die figuur in de film *The Lord of the Rings*. Dat wezen kreeg iets in zijn bezit dat heel krachtig was en kwaadaardig. Hij kon het niet loslaten, maar kon ook niet stoppen met het na te jagen, zelfs al was het bezig hem van binnenuit te vernietigen. Hij werd een grotesk wormvormig wezen, dat zijn oorspronkelijke staat was kwijtgeraakt, en die vernedering bleef voortdurend zijn uitwerking op hem hebben.

Ik denk dat toen God naar Adam en Eva keek, Hij besefte dat het proces van vernedering al was begonnen. En het hart van de Vader zei: 'We kunnen niet toestaan dat dit eeuwig doorgaat!' Over tienduizend jaar zullen ze nog steeds in leven zijn en nog *steeds dieper wegzinken!* We kunnen niet toestaan dat ze van de Boom des Levens gaan eten. We moeten hen uit de Hof verbannen. We moeten voorkomen dat ze bij die boom kunnen komen!' Dus zei Hij tegen hen: 'Het is voorbij. Jullie moeten gaan!'

Hoe Adam en Eva zich moeten hebben gevoeld, toen ze die

woorden hoorden, tart onze verbeelding. Ze konden God niet de schuld geven van hun hachelijke situatie. Het feit dat zij er zelf de oorzaak van waren, maakte hun wanhoop alleen maar erger. God kwam naar hen toe als een liefhebbende Vader. Hij verbande hen niet omdat Hij het hen betaald wilde zetten of om hen te straffen. Hen wegsturen was het minst erge van de twee kwaden. Toen Hij hen uitwees, waren Adam en Eva waarschijnlijk de meest gebroken mensen die er ooit op de wereld hebben rondgelopen.

Er zijn twee verschillende dingen die bepalen hoeveel pijn je zult ervaren, wanneer iemand je hart breekt. Ten eerste, hoe meer liefde je hebt ervaren hoe meer pijn er zal zijn. Adam en Eva hadden de grootst mogelijke liefde in het universum ervaren! Ten tweede, als je hart al eens eerder gebroken is, zal je jezelf over het algemeen de volgende keer inhouden. Hiervoor hadden Adam en Eva nog nooit pijn *gekend*. Zij wisten niet wat pijn was. En ik denk dat ze nu de grootst mogelijke emotionele pijn ervaarden die iemand ooit heeft gevoeld. Ze waren de droevigste en wanhopigste mensen die er ooit op de wereld zijn geweest. En nu duwde Hij hen naar de poort van de Hof. Het lijkt erop dat Adam en Eva het niet konden opbrengen om op eigen benen de Hof uit te lopen, en dat de Vader hen daartoe moest dwingen. Dat deed Hij niet om hen te straffen. Hij deed het ook niet omdat Hij hen verwierp. Hij deed het *omdat Hij hen liefhad.*

God heeft nog nooit iets gedaan wat geen uitdrukking was van Zijn liefde. Hij duwde hen de Hof uit, *omdat* Hij van hen hield. Ik kan me zo voorstellen dat ze met slepende voeten verder sloften, in een poging zoveel mogelijk tijd te rekken in de Hof, omdat ze voor de eerste keer angst leerden kennen. Hoe zou het daarbuiten zijn? Wat bedoelde Hij ermee, dat de aarde doornen en distels zou voortbrengen, en dat ze zouden moeten zwoegen in hun zweet?

Het wilde zeggen dat Hij niet meer voor hen zou zorgen! Alles wat ze nodig hadden was daar in de Hof! Hoe zouden ze in leven blijven? Ze zouden hun leven anders moeten inrichten. Ze zouden Hem nooit meer op deze manier meemaken. Het leven, zoals zij het hadden meegemaakt was voorbij!

HET MENSELIJK RAS BESTAAT VANAF NU UITSLUITEND UIT WEZEN

Wat er werkelijk gebeurde toen Hij hen de Hof uitdreef, was, dat zij nu niet meer Zijn liefde konden ervaren. Zonde zorgt altijd voor scheiding. En nu bracht hun zonde scheiding tussen hen en Hem. Ze moeten hebben geweten, dat toen zij de Hof verlieten, zij de omgeving van Vaders liefde verlieten, en dat ze meer begonnen te lijken op degene die de hemel was uitgeworpen. Ze waren vaderloos geworden. [noot van de vertaler: het Engelse woord voor wees is ook 'vaderloos']. Het hele menselijke geslacht raakte verweesd, ook jij en ik horen daarbij - toen zij de tuin uitliepen. *In hen werd het hele menselijke geslacht 'wees'.*

Er gebeurde iets dat nog boosaardiger was, om hun ellende te verergeren. Degene die op de aarde was geworpen als een bliksemflits, begon aan misleiding te werken. Er begon zich een onzalig verbond te ontwikkelen tussen de geest van de wees die uit de hemel was geworpen en deze wees-hartige man en vrouw, die totaal onbekend waren met een leven buiten de Hof. Satan begon het menselijke ras te misleiden, en dat proces gaat nog steeds door, tot op de dag van vandaag. Zoals er staat in Ef.2:2 'Waarin jullie voorheen ook gewandeld hebben.' De wereld is een wees-samenleving geworden. Dat je gered bent, vervuld met de Heilige Geest en Jezus kent, zal daar geen verandering in brengen. Alleen een Vader kan een einde maken aan het wees-zijn!

Lange tijd heb ik er niet eens over nagedacht wat het voor de Vader moet hebben betekend. Hij hield van hen met de liefde van een ouder, en Hij wist wat er ging gebeuren. Hij wist dat het hart van de mens gedreven zou worden door hebzucht, en dat ieder persoon zich zou keren tegen de ander. Hij kon het zwaard tussen de seksen zien, de onzichtbare barrière tussen de man en de vrouw, toen ze de Hof verlieten. Nu waren ze wezen, naar de volle betekenis van het woord.

Een paar jaar geleden was ik in St. Petersburg, in Rusland. Het was november, en het was bitterkoud. Toen ik een wandeling aan het maken was, rende een jongen van ongeveer negen jaar mij voorbij. Hij had niets anders aan dan een katoenen korte broek, en een katoenen shirt met korte mouwen. Hij liep op blote voeten, had smerige benen en ongekamde haren, en droeg een zak gevuld met stokken over zijn schouder. Ik neem aan dat hij ergens een vuurtje zou gaan stoken om warm te blijven. Toen hij me voorbij rende, stopte hij, en keek achterom over zijn schouder naar me. Ik zal de uitdrukking op zijn gezicht nooit meer vergeten. Het zag eruit als het gezicht van een man van middelbare leeftijd op een jong ventje! De blik op zijn gezicht leek te zeggen: 'Wat ga *jij* met mij doen?' Daarna draaide hij zich om en rende verder. Er zijn veel van dergelijke kinderen over de hele wereld. Er is zoveel leed op de wereld. Een leed, dat groter is dan we ons kunnen voorstellen.

De Vader wist hoe het zou zijn toen Hij naar Adam en Eva keek, terwijl zij binnenstapten in het leven van de wees. Maar Hij wist ook dat het beter was dan het alternatief. En dat was dat ze voor eeuwig en altijd als ontheemden verder zouden moeten leven. Ik denk dat er een luide schreeuw begon op te stijgen in het hart van de Vader op dat moment. Een wanhoopskreet. Een ding wat ik als vader weet, is dit. Als mijn kinderen lijden, zou ik liever gewild hebben dat het mij was overkomen. Het is moeilijker om je kind te zien lijden, dan dat je zelf lijdt. Het is haast onverdraaglijk je kinderen te zien lijden en er niets aan te kunnen doen. En hier zien we een Vader Die Zijn kinderen wegstuurt, terwijl Hij afweet van het lijden dat onvermijdelijk zal komen. Ik geloof dat er een kreet opsteeg uit het diepst van Zijn wezen. Naarmate de wereld verder doordraaide en het lijden toenam, werd die kreet steeds luider. Hij zag dat al Zijn kinderen, het hele menselijke ras, een leven leidde van lijden. Zijn Vaderhart ging naar hen uit, omdat Hij wist dat zij zelfs spoedig zouden vergeten dat Hij überhaupt bestond, en dat Hij hen liefhad.

Het reddingsplan van de Vader

Vanuit een hart vol bewogenheid stuurde Hij mensen die hen vertelden over Zijn liefde. Hij zond wetgeleerden en rechters, koningen en priesters om Zijn hart te laten zien, en hoe ze vrij van al dat lijden zouden kunnen leven. Hij riep een volk in het leven, dat daarvan een getuigenis zou zijn, maar dat was allemaal niet voldoende. Het hele menselijke ras zakte weg naar het wees-leven, vol lijden, waarbij ze te maken kregen met buitengewone niveaus van eenzaamheid en gebrokenheid. Hij zag Zijn kinderen lijden en een grote schreeuw welde in Hem op. Hij zond Zijn profeten. Hij zond moeders van Israël. Hij zond psalmisten en dichters, die welbespraakt Zijn woorden konden overbrengen. Geen van hen allen was in staat om de gevoelens van Zijn hart op de juist manier tot uitdrukking te brengen. Niet één!

Tenslotte zond Hij Zijn eigen Zoon, Die de volmaakte weergave van Hemzelf zou zijn. Zijn exacte gelijkenis – Zijn Zoon, Die niet alleen zou zeggen wat Hij wilde zeggen, maar het ook zou zeggen *op de exacte manier zoals Hij wilde dat het gezegd werd*. Hij zond Jezus! Jezus de Zoon kwam in de wereld, volkomen vrij van het wees-systeem, en Hij begon een leven te leiden als van een Zoon.

Hij was vrij van de wees-misleiding, die het hele menselijke ras had besmet. Hij kwam als een Zoon! Zijn woorden, die voortkwamen vanuit zijn opvoeding door een volmaakte Vader, verbaasden de wereld. Hij, vrij van de uitwerking van de zonde die was in staat om die vrijheid aan anderen over te dragen. En Hij droeg Zijn vrijheid van ziekte over aan anderen, en Zijn vrijheid van satan. Hij kon een zondaar ervan verzekeren dat zijn zonden waren vergeven. Hij spuugde op de ogen van de blinden, en ze gingen ziende heen. Hij kwam op de aarde, volkomen vrij van de gevallen wees-natuur van de wereld, om ons te laten zien Wie de Vader was, om de wereld terug te voeren naar de wetenschap dat *de Vader ons liefheeft.*

Tijdens Zijn laatste dagen hier op aarde, voordat Hij door de wereld gedood werd, was Hij *eindelijk* in staat om te zeggen wat als een vulkaan eeuwenlang in het hart van Zijn Vader was opgeweld. Hij was *eindelijk* in de gelegenheid om tot uitdrukking te brengen wat de Vader wilde dat Hij zou zeggen. De schreeuw, die al in het hart van de Vader was geweest vanaf het moment dat Adam en Eva de Hof hadden verlaten, op weg naar een leven als wees, misleid door de geest van de wees, die in de eeuwen daarvoor uit de hemel was geworpen.

Eindelijk kon Jezus rechtstreeks uit het hart van de Vader de woorden uiten, die de Vader Hem had gegeven om te zeggen:

'Ik zal jullie niet als wezen achterlaten, maar Ik zal tot jullie komen!'

Toen de Vader hen de Hof zag verlaten, op weg naar het wees-zijn, moest Hij achterblijven. Maar Hij zond Zijn Zoon, om alles neer te halen wat tussen Hem en ons in had gestaan, en Hij deed de belofte: *'Ik zal een Vader voor jullie zijn, en jullie zullen Mijn zonen en dochters zijn, zegt de Heere God Almachtig!'* (2 Korinthe 6:18). Het wees-zijn, dat op het hele menselijke ras rust, kan niet worden uitgeworpen. Op zich is het niet demonisch. Het is de toestand waarin het menselijk hart verkeert. Maar wanneer het *menselijke* hart in aanraking komt met de Vader, is het niet meer een wees. En de leefwijze van de wees begint te verdwijnen.

Jezus is niet de deuropening *naar* de hemel. *Hij is de deur waardoor de Vader tot ons kan komen!* Het gordijn in de tempel werd van boven naar beneden gescheurd. Dat was niet zodat wij binnen zouden kunnen komen. *Het werd weggescheurd zodat Hij eruit kon komen!* Hij scheurde het uit elkaar en kwam eruit, en op dat moment stortte het hele religieuze bouwwerk in elkaar! Het koninkrijk Israël bestond niet meer. Veertig jaar later werd de tempel verwoest en was de koninklijke lijn van David verdwenen! En nu komt de Vader uit de tempel tevoorschijn, om een Vader te zijn voor de hele wereld!

Het Evangelie is eenvoudigweg dit. Het gaat over een Vader die Zijn kinderen is kwijtgeraakt en ze terug wil hebben.

Daarom heeft Hij Zijn Zoon gestuurd, om ons thuis te brengen. Hij zei: 'Zoon, ga hen halen, en breng ze thuis. Wie er ook maar wil komen breng ze thuis!' Het werk van de Heilige Geest is ons te bevrijden van het wees-zijn en ons terug te brengen naar het zoonschap. Jezus kwam als Zoon, om de Weg te worden naar de Vader. Wanneer jij een zoon wordt, zal je de Vader steeds beter leren kennen. Dat is wat christen-zijn inhoudt! Is dat niet geweldig? Ik kan het haast niet geloven, dat Hij zo goed is! Hij is vastbesloten om een Vader voor ons te zijn, en de 'weg' van de wees uit ons leven te bannen. Hij zorgt ervoor dat wij, Zijn kinderen, weer thuis kunnen komen om bij Hem te zijn.

HOOFDSTUK ZEVEN

Het geheim van zoonschap

～

Vanaf het moment dat ik christen ben geworden hebben ze mij verteld, dat ik volwassen moest worden, en moest opgroeien. In het christendom proberen wij sterk te worden, goed opgevoed, bekwaam en zelfverzekerd – terwijl de Heer probeert ons als een kind te laten zijn. In de wereld moet je worden opgeleid om te kunnen overleven en te kunnen slagen, maar in Gods koninkrijk, waar Hij regeert, moet je worden als een kind. Jarenlang heb ik geprobeerd al die moeilijke dingen te doen, tot ik erachter kwam waar het *werkelijk* om draaide.

De Heer heeft op een radicale manier ons hele perspectief van het leven als christen veranderd. Toen Denise en ik dertig plus waren, waren we voorgangers in een kleine kerk in een stad in Nieuw Zeeland. Het was de tweede keer dat we voorgingen in een kerk en we hadden het daarmee erg druk. Elke avond en ieder weekend waren we bezig met het begeleiden van mensen. Op een gegeven moment ging dat zover, dat we in twee weken geen enkele keer voor middernacht in bed lagen. Onze visie was ook om een kerkelijk centrum te bouwen. Een vriend van ons had een stuk grond van veertig hectare gekregen van iemand, en wij waren daar naartoe verhuisd om hem te helpen bouwen. We bouwden huizen, legden de elektriciteit aan en de riolering, en ook verbeterden we de zandweg er naartoe.

Daarna sprak de Heer tot ons en zei dat we daar een groot huis moesten bouwen met acht slaapkamers. We baden voor de benodigde kwartmiljoen dollar om het huis te kunnen bouwen. Daarnaast begon ik uitnodigingen te krijgen om te komen spreken in Nieuw Zeeland, maar ook daarbuiten. We waren dus buitengewoon druk bezig in het werk van de Heer. Vanaf het moment dat we opstonden totdat we 's nachts naar bed gingen (En dan baden we 's nachts ook nog voor dromen). We leefden, aten, haalden adem, en sliepen voor de totstandkoming van het Koninkrijk van God. We deden alles wat we konden, en spanden ons in om Gods werk te doen.

En toen begon er iets te veranderen. Op een ochtend stond ik bij onze voordeur te wachten op Denise tot ze de trap af zou komen om naar de kerk te gaan. Toen ze op de laatste trede was aangekomen, ging ze plotseling zitten, en begon te huilen. Iedereen die Denise kent, weet dat zij niet zomaar gaat huilen. Als zij gaat huilen, moet er iets *zeer* ernstigs aan de hand zijn. Had ze een telefoontje gekregen met slecht nieuws? Ze was zo hard aan het huilen dat ze me niet kon vertellen waarom ze huilde. Ik bleef haar vragen: 'Wat is er aan de hand?' Maar ze kon niet praten. Het enige wat ze tenslotte kon zeggen was: *'Ik kan die mensen niet meer onder ogen komen.'*

Burn-out

We waren emotioneel uitgeput, nadat we zeventien jaar de Heer uit alle macht hadden gediend. We hadden niets anders gedaan dan ons bezig houden met de bediening. Ik gaf les bij Jeugd Met Een Opdracht; we baden voor een heleboel geld, voor diverse projecten; we hadden afspraken gemaakt om te komen spreken in ZuidoostAzië, Korea, de V.S., Canada en ook op de eilanden in de Stille Oceaan. We besteedden al onze energie aan het dienen van de Heer, en nu waren we tegen een muur aangelopen.

Dit gebeurde in 1988. Ik vond dat we niet konden doorgaan met de bediening wanneer Denise zo was. Toentertijd dacht ik dat het met mij wel goed ging. Ze hadden mij uitgenodigd om op vier scholen van JMEO te komen spreken in Australië, dus zeiden we tegen onze kerk dat we een pauze gingen inlassen van zes maanden, om aan onze verplichtingen in Australië te voldoen. Daarna zouden we er een tijdje tussenuit gaan. Zodra we echter in Australië waren aangekomen, begon *ik* te huilen! Ik zat urenlang op de bank naar de vloer te kijken, terwijl de tranen over mijn gezicht stroomden. Emotioneel waren we opgebrand.

Omstreeks die tijd kwamen Ken Wright en zijn vrouw Shirley ons opzoeken. Hij had mij gedoopt, en hij was een van de mannen van wie ik had gedacht, dat ik zou kunnen zeggen tegen de Heer, dat ik een zoon voor hem was. Toen ze op het punt stonden om weg te gaan, stapte Ken in de auto, draaide het raampje een beetje open en zei iets. Het was maar goed dat hij dat gedaan had, omdat wat hij zei me er bijna toe bracht om hem een stomp te geven. Met een schittering in zijn ogen zei hij tegen me: 'Je weet natuurlijk wel, James, dat alleen maar je vlees burn-out kan raken.' En wij *waren* volkomen opgebrand.

Toen ik Ken die woorden hoorde zeggen, steeg de woede in me op. 'Ik ben niet in het vlees bezig geweest! We hebben boven *alles* gebeden om te bewegen in de kracht van de Geest, om alles te kunnen doen in de kracht van God!' Hoe kon hij dat nou zeggen? De moeilijkheid echter was, dat wat hij zei, absoluut het geval was. Ik zou met geen mogelijkheid hebben kunnen zeggen, dat ik zo uitgeput was geraakt, als het allemaal het werk van de Heer was geweest en door Zijn kracht was gebeurd. Als je burn-out bent geraakt, is dat een duidelijke aanwijzing dat er veel van je *'ik'* in het werk heeft gezeten. Dat was de harde werkelijkheid, die ik onder ogen zou moeten zien. Alles in mijn leven, voor zover het dienen van de Heer betrof, kwam voort uit het verlangen, dat de Heer zou gaan bewegen met *Zijn* kracht en door *Zijn* Geest. We zongen altijd: *'Niet door kracht of geweld, maar door Mijn Geest, zo zegt de Heer.'* Ik kwam erachter dat veel mensen dat lied zongen, om vervolgens aan de gang te gaan om in hun eigen kracht Gods werk te doen. Het maakte dan niet veel verschil of je dat lied zong, of niet.

Door altijd maar weer bezig te zijn, waren we dus volkomen uitgeput geraakt. Twee jaar lang hebben we niet in de bediening gestaan. We waren nergens meer bij betrokken. We waren uitgeteld. Denise dacht dat we nooit meer terug zouden komen in welke vorm van bediening dan ook, en ik had geen idee wat ik de rest van mijn leven zou gaan doen, als dat zou gebeuren. Twee jaar lang deden we heel weinig. We hebben wat baantjes uitgeprobeerd, maar de meest eenvoudige dingen waren zo moeilijk om te doen. Een half uur iets volgens een bepaalde orde doen, was heel moeilijk. Zoiets eenvoudigs als het gras maaien was een enorme inspanning voor me. Geregeld kwam het voor, dat ik na het grasmaaien moest gaan slapen. Niet omdat ik lichamelijk moe was, maar omdat ik mentaal uitgeput was.

Door die ervaring begon ik dingen die te maken hadden met het leven als christen opnieuw onder de loep te nemen. Voor mij was het altijd prioriteit geweest om je te houden aan iedere verplichting en taak, in mijn persoonlijke stille tijd, de voorbereiding van mijn preken en het bezoeken van de zieken. Toen ik nog voorganger was, kwam er een voortdurende stroom mensen naar mijn kantoor om hun problemen met mij te bespreken. Zij gingen weer naar buiten zonder hun probleem, maar ze hadden wel hun problemen *bij mij* achtergelaten. Dan zat *ik* met hun problemen opgescheept, terwijl zij zich beter voelden. Gedurende de daaropvolgende jaren stapelde dit zich op, totdat ik er niet meer tegen kon. Ik begon erover na te denken dat er een betere manier moest zijn.

Onder druk om volwassen te worden

Een paar jaar later ontving ik een uitnodiging om voorganger te worden van een kleine charismatische Baptistengemeente in Auckland. Ik zocht hen op en vertelde hen over hoe het mijn gezondheid was gesteld. Ik vertelde hen wat mijn huisarts en mijn beste vrienden over mij hadden gezegd. Ze reageerden door te zeggen: 'We zullen niet veel van je vragen. Als je tijd hebt om er een paar dagen per week te zijn, zou dat een goede start zijn.' Ze waren zo lief voor ons. We bleven daar zeven jaar, en ze genazen ons, en wij genazen hen, omdat zij ook door een moeilijke tijd waren heengegaan nadat hun voorganger met de oudsten zomaar waren opgestapt. We konden hen helpen, zodat zij zich weer op de Heer gingen richten in plaats van op de problemen, en de Heer genas ons allemaal in die tijd, samen met elkaar.

In 1994 hoorde ik over de uitstorting van de Geest in Toronto, en dus ging ik naar Canada, en was diep geroerd door wat God daar aan het doen was. Ik kreeg het gevoel dat God nieuw leven in mij aan het ademen was. Ik ervaarde de zegen van God en voelde dat er een nieuwe dag op komst was. En toen kochten we in 1997 een ticket voor een vliegreis rond de wereld met Jack Winter om te zien wat God door ons heen zou gaan doen. We hebben vier en half jaar onze koffers niet uitgepakt, en we reizen nog steeds in deze bediening, levend in de nieuwe dag.

Toen ik nog maar net een christen was geworden, was de boodschap die ik bracht voornamelijk zoiets als dit:

'Nu je christen bent geworden moet je groeien in de Heer. Nu moet je volwassen worden. Je moet in de overwinning gaan staan, broeder! Wat er ook maar op je weg komt; je moet doorbreken. Je moet God gaan zoeken en een ontmoeting met Hem hebben terwijl je nog in de situatie zit, en een overwinnaar worden!' enzovoort, enzovoort.

Altijd was er weer die druk om volwassen te worden. In die tijd zongen we een bepaald lied, waar ik een gloeiende hekel aan had. Veel liederen waren voortgekomen uit de Schrift, maar er was met name één regel die de betekenis van alle Bijbelteksten in dat lied verdraaide. Mijn excuses aan degene die het heeft geschreven, maar het lied ging zo ongeveer als volgt: *'Ik ben een overwinnaar, ik overwin, ik regeer met Jezus. Ik ben gezeten in de hemelse gewesten met Hem.'* Dat is weliswaar allemaal Schriftuurlijk, maar daarna komt er een regel die ik niet kon zingen. Daarin staat: *'Ik ken geen nederlaag, alleen maar sterkte en kracht.'* Ik weet dat het de bedoeling is om een positief getuigenis te geven, maar als ik dit moest zeggen, zou dat een leugen zijn, omdat ik heel wat nederlagen in mijn leven heb meegemaakt, en niet alleen maar sterkte en kracht.

De boodschap werd voortdurend bekrachtigd:

'Je moet positief spreken. Je moet geen negatieve gedachten toelaten, omdat je een overwinnaar bent! Je moet wandelen in geloof en vasthouden aan de overwinning. Je moet orde op zaken stellen,

bekwaam worden en vol geloof zijn. Je moet het Woord kennen, alle boodschappen horen, naar alle sprekers luisteren en alle boeken lezen. Je moet een christen worden die al zijn zaakjes voor elkaar heeft, de volwassen Man van God!'

Er was een gezegde: 'Als je christen bent geworden, moet je het allemaal op een rijtje hebben!' Nu besef ik, dat zelfs *als* je al je zaakjes op orde hebt, het toch alleen maar jouw zaakje is! Een heleboel van ons gepraat is alleen maar tromgeroffel, en geen geloof. Als we eerlijk kunnen zijn over waar we ons bevinden, in plaats van dat we de werkelijkheid ontkennen, kunnen we geestelijk heel wat terrein winnen. Veel dingen die we moesten doen, waren meer een ontkenning van feiten. En ontkenning is geen overwinning.

De ridder op het witte paard

Enkele jaren geleden kreeg ik een visioen, en dat was een ontmoeting die mijn leven heeft veranderd. In dat visioen bevond ik me in een eeuwenoud bos. Ik wist dat het een heel oud bos was, omdat de bomen enorm hoge eikenbomen waren, met grote zijtakken die zich wijd uitstrekten. Het deed me denken aan Sherwood Forest, van de film Robin Hood. Ik stond daar op de grasbodem van het bos, en toen ik keek, zag ik dat ik plotseling op een eeuwenoude weg stond die niet meer werd gebruikt en begroeid was met gras. Ik kon de rand ervan zien, hoe die zich door de bomen heen slingerde. Toen ik daar zo stond, zag ik iets door de bomen heen naar me toekomen.

Toen het dichterbij kwam, kon ik zien dat het een wit paard was. Op het paard zat een ridder uit de Middeleeuwen. Zijn wapenrusting was schitterend, wit en zilverkleurig doorschijnend. De ridder hield een zwaard in de lucht, waardoor hij de kling van het zwaard toonde, niet zozeer om tot de aanval over te gaan. Hij hield zijn andere hand uitgestrekt, met de hand open. Het was vreemd dat hij de teugels niet in zijn handen hield! Toen hij dichterbij kwam, kon ik zien dat het paard aan het *dansen* was. Een paar stappen naar voren en een paar stappen naar achteren. Een paar stappen deze kant op en een paar stappen die kant op. Dat deed hij steeds weer en nog eens. Zonder zich te haasten. De ridder zat daar gewoon met zijn handen omhoog, terwijl hij het zwaard omhoog hield.

De ridder kwam langzaam dichter naar me toe op zijn dansende paard en mijn ogen begonnen meer bewegingen te onderscheiden. Uit het donkere bos kwamen steeds meer mensen tevoorschijn naar de weg. De lichtglans die het paard en zijn bereider omgaven strekte zich uit naar de duisternis van het woud. Sommige mensen huilden en anderen lachten. Weer anderen waren verwond en kropen naar het licht, en werden vervuld van blijdschap. Sommigen waren aan het dansen als kleine kinderen, terwijl ze elkaars handen vasthielden, en in kringen ronddansten. Sommigen knielden neer aan de kant van de weg, met hun handen geheven toen de ridder voorbij kwam, en aanbaden de Heer. De ridder was niet de Heer, maar hij droeg wel de heerlijkheid van de Heer, en die ging van Hem uit naar de duisternis van het woud.

Plotseling besefte ik dat ik midden op de weg stond. Maar ik hoefde nergens bang voor te zijn, en ik had ook niet het gevoel dat ik aan de kant moest gaan om Hem door te laten. Ik stond daar, en het paard kwam recht op me af en hield stil. De ridder had het vizier van zijn helm omlaag gedaan, zodat je zijn gezicht niet kon zien. Het bleek dat hij geen belangstelling voor mij had. Hij nam ook geen enkele notitie van me. Hij zat daar gewoon zonder zich te bewegen. Toen kreeg ik intuïtief het gevoel dat hij me uitnodigde om mijn voet in de stijgbeugel te zetten waar de voet van de ridder zich bevond. Dus zette ik mijn voet in de stijgbeugel, bovenop zijn gepantserde voet en trok mezelf op zodat ik naast hem kon staan. Hij nam geen andere positie in. Zijn zwaard stak nog steeds in de lucht en zijn hand was nog steeds uitgestrekt. Ik keek naar hem, maar ik kon zijn gezicht niet zien, omdat het vizier naar beneden was gedaan, en de gleuf in het vizier was zo smal, dat je er niets door kon waarnemen.

Ik strekte mijn hand uit en deed het vizier omhoog, om zijn gezicht te kunnen zien. Maar toen ik het vizier omhoog deed, was er helemaal geen gezicht te zien. Dus haalde ik zijn helm eraf, en tot mijn stomme verbazing was er geen hoofd! Daarna keek ik omlaag, in de nek van zijn pantser, en daar zag ik een kleine jongen – gewoon een kleine jongen! Die kleine jongen had een brede glimlach op zijn gezicht, alsof hij wilde zeggen: *'Dit is de grootste grap van de eeuw! Ik zit gewoon op dit paard en wij zijn aan het dansen en al die dingen gebeuren om mij heen, en er komen mensen tot de Heer, ze worden aangeraakt en gered en genezen en gezegend en er gebeurt van alles – en ze denken dat ik een indrukwekkende ridder van God ben. Maar ik ben gewoon een kleine jongen!'* Toen ik dat zag, en de brede glimlach op het gezicht van de kleine jongen, begon ik te begrijpen wat christelijke bediening inhoudt.

KERK ZIJN IS EEN FEEST

Jarenlang heeft men de kerk op diverse manieren beschreven. Ze werd beschreven als 'leger'. Iemand schreef ooit een boek met de titel *De Bruid met Gevechtslaarzen*. Al heb ik het boek nooit gelezen, ik moet zeggen dat ik niet van die titel houd. Stel je eens voor dat je naar een bruiloft gaat, de muziek begint, en de bruid komt het gangpad aflopen...Daar komt de bruid...bonk, bonk, bonk, bonk. De bruiloftsgasten draaien zich om, om naar haar te kijken terwijl zij het gangpad afloopt, haar gevechtslaarzen bonken op de stenen vloer. Ik kan daar niets mee, met zo'n beschrijving van de bruid.

Wij dachten dat de Kerk een leger is, en iedereen moet in de maat lopen en met militaire precisie marcheren. Maar de Kerk is meer een veelkleurige uitdrukkingsvorm van gaven en vrijheid, dan we ons ooit zouden kunnen voorstellen. Het is nooit de bedoeling geweest dat de Kerk een plek zou zijn waar iedereen hetzelfde zou zijn. Ze is een plek waar individualiteit ten volle tot haar recht kan komen, op een volmaakte manier samengevoegd met anderen. De Kerk is een symfonie van gaven onder leiding van de Heilige Geest. Anderen hebben de Kerk beschreven als een ziekenhuis, waarin we ons allemaal bevinden, wachtend totdat we opgelapt worden. Dat is een gedachte die je in veel kerkelijke kringen tegenkomt. Maar ik heb ontdekt wat de Kerk werkelijk is. Weet je wat de Kerk *echt* is? *De Kerk is een feest.*

Toen ik nog maar net christen was geworden, werd ik aangespoord om erop uit te gaan en de wereld te gaan redden. En natuurlijk moet de wereld gered worden! Maar volgens mij komt het niet door mijn kennis en mijn begrip (*ook* niet van het christendom) dat de wereld wordt gered. Toen ik die periode van burn-out achter me liet, kwamen er mensen naar me toe, die wilden dat ik hen zou helpen met hun probleem. Terwijl ik naar hen luisterde, herhaalde ik steeds: 'Het is niet mijn probleem. Ik hoef er niet iets aan te doen.' Ik bad dat de Heer hen zou helpen en hen raad zou geven, omdat ik dat probleem niet op me kon nemen. Er zijn dingen in ons leven, die in de eerste plaats tussen de Heer en ons thuis horen. Mensen kunnen je helpen, maar ze kunnen je niet dragen. Zo leerde ik hoe je kan voorkomen dat je te zwaar belast raakt door dergelijke dingen, en als een klein kind kunt zijn.

Kinderlijkheid

Ik heb een bijzonder kenmerk opgemerkt bij godvruchtige mensen. De meest geweldige, op Christus gelijkende mensen, zijn de mensen die geworden zijn als een kind. Jack Winter was ongelooflijk kinderlijk. Hij geloofde de Bijbel gewoon. Als gevolg daarvan zag hij God zoveel verbazingwekkende dingen doen.

Jack had een voorbidster, Amy, die voor hem bad, die daarna ook voor ons is gaan bidden. Ze was in de tachtig toen we haar voor het eerst ontmoetten. Ze kwam naar Nieuw Zeeland, en stond twee weken voor mij op de bres door acht uur per dag in tongen voor mij te bidden. Dat was haar roeping. Ze had een vriendin meegenomen, en dan gingen ze naar een kleine kamer, dichtbij de deur, en wij hoorden dan de meest vreemde geluiden uit die kamer komen. Ze baden altijd met veel autoriteit. Maar wanneer ze stopten met bidden, kwamen ze de kamer uit om bij ons te zitten tijdens de lunch, en dan was ze net een klein meisje van drie jaar! Ze maakte de hele tijd grapjes. Het was zo leuk om bij haar te zijn, en haar lachen had iets onschuldigs, iets puurs, zonder enige gemaaktheid of zoiets. Net zoals een klein kind er geen flauw benul van heeft of ze geraffineerd over komt, was zij dat ook niet. Ze was net een klein meisje.

Wij hebben zo vaak gehoord dat we volwassen moeten worden. Ze hebben ons verteld dat we bekwaam moeten zijn en volwassen, vol geloof en kracht. We hebben gehoord dat we alle lessen moeten leren, dat onze kennis moet toenemen, zodat we te allen tijde antwoord kunnen geven op de vragen van anderen. Sprekers zeiden vaak tegen me: 'Als de kerk zou gaan doen wat ze moet doen, zouden we dit doen en dat doen, want het is onze verantwoordelijkheid om de wereld te verbeteren.' Weet je waar Hij ons heeft gevonden? Hij vond ons in de goot; in het struikgewas en in steegjes – soms letterlijk.

Ons leven was een puinhoop. Wij hoorden niet tot de aanzienlijken van de wereld. Wij zijn niet degenen die het allemaal wel voor elkaar hebben. Wij hadden geen hoop meer, wij konden niets goed doen. Hij vond mij onder een boom, ergens in de wildernis. Ik weet niet waarom Hij mij heeft uitgekozen. Ik behoorde tot het uitschot van de maatschappij. Waarom kwam Hij en vond Hij mij?

Het hele doel van ons leven is dat wij *God aanbidden en voor eeuwig van Hem genieten*, zo staat het in de geloofsbelijdenis van Westminster. Dat is voldoende. Meer hebben we niet nodig. Dat geldt zowel voor de bediening als voor ons persoonlijke leven. Christen-zijn is niet het pad naar vakbekwaamheid, maar *de weg naar 'kinderlijkheid'*. Hoe meer kinderlijk we worden hoe dichter we tot Hem naderen. En hoe meer we tot Hem naderen hoe meer kinderlijk we worden. Denk je dat Jezus tegen ons heeft gezegd: '*Als je niet wordt als een kind, zal je het Koninkrijk van God niet kunnen binnengaan*', terwijl er voor Hem een andere weg was?

Kinderen weten wel hoe ze moeten genieten van het leven. Wie heeft er het meest plezier? Een advocaat of een kind? Wie is er het beste in het 'je slap lachen'? Een architect, een politieagent of een klein meisje? Dat kleine meisje is altijd een kind. Waarom? Hoe komt dat? Omdat zij niet in beslag wordt genomen door al die verplichtingen in het leven. Ze blijven maar lachen om iets, terwijl wij er niet eens om kunnen glimlachen. Ze zijn ongelooflijk goed in het gewoon kunnen genieten van het moment. In veel gevallen heeft het christen-zijn zoals wij dat kennen alleen maar toegevoegd aan de ernst van het leven. We kunnen gaan lopen op het slappe koord van de angst, dat we de dingen niet op de goede manier doen en niet juist leven. Geen wonder dat een niet-christen naar ons kijkt en zegt: '*Zo wil ik niet zijn!*'

Jezus is kinderlijk

Jezus Zelf was buitengewoon kinderlijk. In Mattheüs 11:25 staat: *'Op dat tijdstip antwoordde Jezus en zei: 'Ik dank U Vader, Heere van de hemel en van de aarde, dat U deze dingen voor wijzen en verstandigen verborgen hebt, en ze aan kinderen hebt geopenbaard.'*

Het heeft mij jaren gekost om te ontdekken dat Jezus het hier over Zichzelf heeft. Wat zijn 'die dingen' waar Hij het hier over heeft? Dat zijn de dingen waarover Hij heeft onderwezen in de vorige paar hoofdstukken. Als ze niet werden geopenbaard aan de wijzen en de verstandigen, aan wie *werden* ze dan wel geopenbaard?

Ze werden geopenbaard aan Jezus. Hij was Degene Die ze aan hen onderwees. *De Vader leerde Hem deze dingen, omdat Hij het hart van een kind had.* Hij zei: *'De woorden die Ik tot jullie spreek, spreek Ik niet uit Mijzelf.'* (Johannes 14:10). Met andere woorden: 'Ik heb dit niet allemaal uitgedacht. Ik heb niet een mening over alle leerstellige kwesties.'

Hij zei ook: *'De Zoon kan niets uit Zichzelf doen.'* (Johannes 5:19). Hij zei niet: 'De Zoon *zal* niets uit Zichzelf doen,' zoals velen van ons dat Schriftgedeelte lezen. Hij zei: *'De Zoon kan niets uit Zichzelf doen.'* Met andere woorden: 'Er is niets in Mij waardoor Ik de dingen zou kunnen doen die ik doe of onderwijs.' De wonderen die ik doe, gebeuren *door* Mij heen, maar niet door Mij. De woorden die Ik spreek, zijn niet Mijn woorden. Het is de Vader Die in Mij woont, die het allemaal doet.'

Hij zei niet: 'De Zoon *wil niets* uit Zichzelf doen.' Hij zei ook niet: 'De Zoon *heeft ervoor gekozen* om niets uit Zichzelf te doen.' Hij zei: 'De Zoon *kan* niets uit Zichzelf doen.' Wat een ongelooflijke uitspraak!

Ik zeg dit met alle eerbied, maar Jezus was zeer onbekwaam. Hij was niet verstandig en volwassen! Hij was kinderlijk. Het komt zo vaak voor dat we in de Kerk ons best doen om wijs en verstandig te zijn. Jack Winter zei vaak, dat het voor voorgangers en gemeenteleiders moeilijk is om deze boodschap te ontvangen. Omdat ik zelf ook voorganger ben geweest, kan ik me voorstellen dat zij vaak onder druk staan. Voorgangers ontvangen deze boodschap vaak als iets wat goed is voor de gemeente, maar niet bestemd is voor de leiders. Gemeenteleiders moeten hun hart openzetten om te kunnen ontvangen wat God voor hen heeft.

Wijsheid is dat je in een bepaalde situatie op de juiste manier handelt, terwijl verstandig zijn betekent dat je de juiste keuzes maakt voor de toekomst. Vaak kan een voorganger erop gefocust zijn om dingen op de juiste manier te doen: – 'Wat is de juiste manier om dit te zeggen? De juiste manier om dit te doen? Wat gaan we in de leidersvergadering doen? Hoe gaan we ons voorbereiden op de eerstkomende vijf jaar?' Langzaam maar zeker gaat het er meer en meer over hoe we op de juiste manier leven, en hoe je 'het juiste doet.' Jack geloofde dat de voorgangers vaak 'de wijzen en verstandigen' waren geworden, en dat zij hun kinderlijke hart hadden toegesloten.

Ik zeg niet dat we die dingen niet zouden moeten doen, maar ga er niet vanuit dat die dingen iets toevoegen aan het volwassen worden. Als je ervan uitgaat dat dergelijke zaken betekenen dat je volwassen bent, zo van *'ik ben volwassen omdat ik al die dingen doe,'* wat er dan gebeurt, is dat je wijsheid en verstandig zijn je levensdoel wordt, wat feitelijk werkt als een blokkade om openbaring te ontvangen. Openbaring wordt gegeven aan een *kinderlijk* hart. Ik geloof dat dit een van de oorzaken is geweest waardoor er in de afgelopen eeuw zo weinig ingang is gevonden voor echte openbaring en intimiteit met God. We hebben ons gericht op wijs en verstandig worden, terwijl de Heer ons aan het leiden is op de weg om een klein kind te worden.

ALLES WETEN MAAKT JE NIET GELUKKIG

Een paar jaar geleden was ik in Nederland, in Vlissingen. Terwijl we aan het koffiedrinken waren, zei mijn gastheer: 'James, ik heb iets ontdekt. *Alles weten maakt je nog niet gelukkig.*' Die uitspraak raakte mij enorm. Vanaf het moment dat ik christen werd, hebben ze me ingeprent dat ik alles moest weten, en om een christelijke leider te zijn, moest ik overal een mening over hebben. Ik moest de betekenis weten van iedere Bijbeltekst, of op zijn minst de verschillende uitleggingen kennen die men erop nahoudt. Op mij lag de druk om *alles te weten*.

Een tijdje daarna, toen we nog steeds in Nederland waren, was ik de spreker tijdens een mannenkamp en deelde ik mijn kamer met een forse Nederlander die met een galmende stem sprak. We zijn goede vrienden geworden. Op zondag, na de laatste samenkomst, zaten we op ons stapelbed te wachten op de auto die ons terug naar Amsterdam zou brengen. Toen we daar zo zaten, stelde hij me een vraag over leidinggeven, iets dat te maken heeft met de christelijke bediening. Ik antwoordde: 'O, dat weet ik niet.' Zijn ogen gingen wagenwijd open, en hij viel achterover op zijn bed, en *bulderde* van het lachen. Het bed begon te schommelen van zijn gelach. Na enkele minuten keek hij me aan. '*Weet jij dat niet?*' Ik zei: 'Nee, dat weet ik niet.' En hij viel weer achterover op het bed, terwijl hij bulderde van het lachen. En ik zat daar gewoon, verbaasd over zijn reactie. Tenslotte ging hij weer overeind zitten. 'James, jij bent een spreker. *Je moet het weten!*' Snap je, dat is nu de druk die op je wordt gelegd. De druk die zegt dat je voortdurend kennis moet vergaren, wijsheid moet opdoen, een deskundige moet zijn.

Het lied van Paul Simon

Nadat Denise en ik burn-out waren geweest, gingen we naar Australië om een eerder afgesproken spreekbeurt te vervullen op enkele JMEO scholen. Het was een afschuwelijke tijd in ons leven. We waren volkomen uitgeput, maar de Heer hielp ons in alle dingen die we moesten doen. We reden door het binnenland van Australië van Adelaide naar Brisbane, en we waren net het stadje Bourke gepasseerd, in het verre westen van Nieuw-Zuid Wales. Er is een gezegde: 'als je in Bourke bent geweest', wat betekent dat je echt in het binnenland geweest! Er zijn maar heel weinig Australiërs die zo diep in het binnenland zijn geweest. Wij reden dus over die wegen waar je twaalf uur kunt rijden zonder dat het landschap ook maar iets verandert.

Terwijl we reden luisterden we op de autoradio naar Paul Simons album *Graceland*. Er was een lied te horen dat ging over een figuur die Fat Charlie, de Aartsengel, heette. Dat ging zo: *'Fat Charlie de Aartsengel sloop de kamer in. Hij zei: 'Hier heb ik geen mening over. En daar heb ik ook geen mening over.'* Opeens moesten Denise en ik lachen. Een 'aartsengel' heeft niet eens een mening! Het is oké als je iets niet weet! Zelfs al zou je een aartsengel zijn! Toen we zo moesten lachen verdween de druk om te moeten groeien, om sterk te zijn, om volwassen te worden, en alles op een rijtje te hebben. Nadat we ons jarenlang uitgesloofd hadden om overal verstand van te hebben, was de gedachte dat een 'aartsengel' in feite geen enkele mening heeft, een grote opluchting voor ons.

'Druk, druk, druk'

Vaak als ik ergens in een kerk moet spreken, heb ik de gelegenheid om met de voorganger te spreken voordat de samenkomst begint. Iedere kerk heeft haar eigen cultuur, net zo goed als ieder land zijn eigen cultuur heeft. Ik kom in veel verschillende soorten kerken, dus als ik ergens voor het eerst kom, zet ik mijn geestelijke antennes uit om erachter te komen wat voor cultuur of geloof daar is, om iets neer te kunnen zetten waarop zij later kunnen verder bouwen en de boodschap op een effectieve manier kunnen overbrengen. Vaak stel ik de voorganger dan enkele vragen, waardoor de antwoorden me wat inzicht geven. Een vraag die ik de voorganger stel is: 'Hoe gaat het met de gemeente?' Heel vaak krijg ik het volgende antwoord, of iets in die richting:

'Oh, we hebben het zo druk. Steeds is het weer: 'Ga hier naartoe!' Er is zoveel gaande, de kerk is zo aan het groeien. We houden een conferentie, en er komt een spreker. We breiden het parkeerterrein uit, en de keuken moet vergroot worden. We hebben een outreach naar Afrika dit weekend. De jeugdgroep groeit. In feite is die zo gegroeid dat we extra voorgangers nodig hebben voor het jeugdwerk. Ook hebben we extra parkeerwachters nodig. We zamelen geld in voor dit en we zamelen geld in voor dat. We hebben een stuk grond voor een nieuw kerkgebouw gekocht. En verderop ook nog een. De bediening van de vrouwen neemt een vlucht en we zijn ook bezig met outreach in de stad hier vlakbij.'

Alles wat je hoort is: 'Druk, druk, druk.' Veel voorgangers denken dat je dat graag wilt horen. Als jij de voorganger bent die op bezoek komt, willen zij een goede indruk wekken. Als ik over al die drukte hoor, denk ik: 'Tjonge, wat is hier aan de hand?'

Stel je nu eens voor, dat je op een dag naar Jezus toe zou gaan, terwijl Hij een ommetje loopt rond Nazareth vraag je Hem: 'Hoe loopt de bediening, Jezus?'

'Oh, het is druk, druk, druk! Vanmiddag vertrekken we naar Kapernaum; we hebben een boot nodig, om ons buitengaats te brengen, omdat de menigte te groot zal zijn. En ze hebben geen microfoons, maar we kunnen gebruikmaken van het wateroppervlak. En Lazarus is overleden, dus wordt er van Mij verwacht dat ik naar Bethanië ga, en Maria en Martha zijn erg van streek. Ik had er al een paar dagen geleden moeten zijn, maar het is allemaal snel, snel, snel! Ik moest overal spreken en onderwijs geven, en ik werk samen met de discipelen, maar Petrus is een beetje een probleem. Dus hem moet ik wat in de gaten houden. En daarna werd ik opgehouden doordat Ik de geldwisselaars de tempel uitgegooid had. Weet je, er was iemand gestorven en ik werd als het ware opgehouden, en ik moest naar een andere plaats gaan, en iemand anders uit de dood opwekken. Daardoor raakten we een beetje achter op ons schema, maar die vrouw met de bloedvloeiing konden we helpen en we konden weer verder – steeds maar weer, snel, snel, snel! Die discipelen moeten worden opgeleid.'

Als je Jezus zou hebben gevraagd hoe het met Zijn bediening ging, dan denk ik dat Hij niet op deze manier geantwoord zou hebben! Waarschijnlijk zou Hij iets geantwoord hebben als: 'Vader is echt geweldig. We hebben Hem geweldige dingen zien doen. We gaan zo een tochtje maken. Het is ongelooflijk wat Hij doet. Ik ben het niet, Die het doet, Hij is het! Hij vertelt me wat Ik moet zeggen, en Ik zeg het. Het is ongelofelijk om te zien wat er gebeurt als Ik zeg wat Hij zegt dat Ik moet zeggen. Als Ik iemand aanraak, zie Ik opzienbarende dingen gebeuren. Pas geleden hebben we die man gezien die een verschrompelde hand had, en zijn arm was helemaal genezen. Het was echt fantastisch! Het is zo'n geweldige tijd!'

Ik denk dat Hij heel erg blij zou zijn geweest. Toen de discipelen van Johannes de Doper bij Hem kwamen met de vraag: 'Bent U de

Messias, of moeten we een ander verwachten?', was Zijn antwoord was: 'Ga hem maar vertellen wat jullie hebben gehoord en gezien. De blinden zien, de lammen lopen, de doven horen.' Hij zag er de noodzaak niet van in om Johannes ervan te verzekeren dat Hij de Messias was. Ik geloof dat Hij *in feite* zei: 'Wat er gebeurt is geweldig. Wij zijn niet iets aan het doen: God doet alles. Wij zijn alleen maar kleine kinderen die in de modder aan het spelen zijn, en plezier hebben.'

Zoals ik al eerder stelde, ben ik erachter gekomen dat Gods Koninkrijk één groot feest is. Heel vaak hebben wij er een evangelische campagne van gemaakt of een doelstelling. Wij hebben er iets ernstigs en zwaars van gemaakt. Het is niet zo moeilijk om iemand uit te nodigen voor een feestje, maar het kan je wel moeite kosten om ze in de kerk te krijgen.

Je zwakte is je sterkte

De apostel Paulus wist wat het betekende om te leven in de schijnbare tegenstelling van zwak zijn. Hij spreekt hierover in de tweede brief aan de gemeente in Korinthe. Tussen twee haakjes, ik vind het interessant te zien hoe vaak Paulus het over zichzelf heeft. Het zou boeiend zijn als we eens zouden kijken naar al die keren dat Paulus woorden gebruikt als, 'ik', 'mij', 'mijn', of 'van mij', in zijn brieven. Zes keer geeft hij in zijn brieven de raad, 'wees mijn navolger'. Volgens mij is het elke keer dat Paulus het over zichzelf heeft, de moeite waard om daar aandacht aan te schenken. In 2 Korinthe 12:7 begint Paulus met over zichzelf te spreken, en zegt hij:

'En opdat ik mij door het alles overtreffende karakter van de openbaringen niet zou verheffen, is mij een doorn in het vlees gegeven, een engel van de satan, om mij met vuisten te slaan, opdat ik mij niet zou verheffen.'

We weten niet wat de 'doorn in het vlees' betekent, maar we weten wel dat Paulus ergens last van had. Het was ook niet iets simpels. Sommige mensen hebben er het grapje over gemaakt, dat de doorn in zijn vlees zijn vrouw was. Daar hecht ik geen enkel geloof aan! Ik geloof dat over het algemeen gesproken de echtgenoot eerder een doorn in het vlees van hun vrouw is, dan omgekeerd. Sommige mensen hebben gezegd dat de doorn in het vlees van Paulus zijn kleine gestalte was, omdat zijn naam 'klein' betekent. Voor iemand van zijn klasse zou dat van weinig belang zijn. Ik denk dat een verticale uitdaging geen enkele invloed op Paulus zou hebben gehad. Sommige mensen hebben gezegd, dat de doorn in het vlees betekent dat Paulus blind aan het worden was. Dat zou een mogelijkheid zijn. In Galaten 4:15 staat: *'Ik weet, dat u, zo mogelijk, uw ogen zou hebben uitgerukt en aan mij gegeven zou hebben.'* Hij kende hun liefde voor hem, omdat hij het Evangelie met hen had gedeeld. Maar, wat de doorn in zijn vlees ook geweest mag zijn, hij had zeker een probleem. Wat nog meer is, hij beschrijft het als 'een boodschapper van de satan'. Het moet dus iets heel naars geweest zijn voor hem.

In het volgende vers zegt hij:

'Hierover heb ik de Heere driemaal gesmeekt dat het van mij weg zou gaan.' 2 Korinthe 12:8

Paulus heeft veel meegemaakt, en hij had de genade van God in al die dingen ervaren. Maar wat dit ook was, het zorgde er wel voor dat hij tot drie keer toe de Heer smeekte om het weg te halen. Het was duidelijk iets heel vervelends om mee te moeten leven. Toen hij de Heer vroeg om het weg te halen, werd zijn verzoek niet ingewilligd. Maar God zei tegen hem: 'Mijn genade is je genoeg, want Mijn kracht wordt in zwakheid volbracht.'

Mijn kracht wordt in zwakheid volbracht. De waarheid zit zo: Als je wilt dat de kracht van God op je rust, en je voelt je sterk vanuit jezelf, dan kom je in feite niet in aanmerking om de kracht van God op je te hebben. De kracht van God komt op mensen die zwak zijn. Paulus' kracht was niet dat hij van zichzelf sterk en bekwaam was geworden, en alle antwoorden had. Integendeel, de genade van God kwam over hem *omdat* hij zich zwak voelde. De Heer zei: 'Mijn genade is genoeg voor jou, want Mijn kracht wordt in zwakheid volbracht.'

Ik heb iets ontdekt. Als je denkt dat God je gebruikt omdat je veel bidt, of dat Hij je gebruikt omdat je dit of dat hebt gedaan, *zal je hart de glorie voor zichzelf houden.* Je zou zelfs kunnen zeggen: 'Ik geef alle glorie aan God,' maar het gaat niet om jouw toespraak waardoor God alle glorie ontvangt. Hij kijkt naar je hart. Als je hart de glorie opeist, schakelt God de stroom uit. Hij zal Zijn glorie met niemand delen. Je hebt geloof nodig om te erkennen dat er niets is wat ons in aanmerking doet komen om door God gebruikt te worden. Het vraagt heel wat meer geloof om in God uit te stappen als je overweldigd wordt door het besef dat er absoluut niets in je is waardoor je van nut zou kunnen zijn voor God.

WEES EEN KLEIN KIND

Nog een voorbeeld van de zwakheid van Paulus vind je in I Korinthe 2. Volgens Bijbelgeleerden was de gemeente in Korinthe de meest vleselijke kerk van die tijd. Ze hadden in ieder geval wel die reputatie. En kijk nu eens naar Paulus, de beste rabbijnse student van zijn tijd. Hij was academisch briljant, en vol religieuze ijver. En hij heeft een buitengewone, ongelofelijke openbaring gekregen van de Heer. In die mate, dat hij een doorn in zijn vlees nodig had zodat hij zich niet zou gaan verheffen in zijn eigen hart.

Zelfs Petrus begreep veel dingen die Paulus zei niet. Hij schreef in 2 Petrus 3:16): '...*onze geliefde broeder Paulus, die jullie geschreven heeft, zoals ook in andere brieven, wanneer hij deze dingen ter sprake brengt. Daaronder zijn sommige zaken die moeilijk te begrijpen zijn.*' Petrus vond het moeilijk om de dingen waar Paulus het over had te begrijpen. De diepte van de openbaring die Paulus had gekregen was klaarblijkelijk ongelofelijk en nu komt hij naar de gemeente in Korinthe om orde te scheppen.

In hoofdstuk 2:3 schreef hij aan de gemeente in Korinthe: '*En ik was bij u, in zwakheid, met vrees en veel beven.*'

Hij kwam niet naar Korinthe om even te zeggen: 'Ik heb het hele kerk-systeem van de gemeente in kaart gebracht. Ik weet wel hoe ik het aan moet pakken. Ik kan wel naar jullie toekomen en wat aan jullie problemen doen. Ik weet wat ik moet zeggen tegen de gemeenteleiders en hun team. Ik heb ervaring en ken het klappen van de zweep. Ik los het allemaal wel even op in jullie gemeente binnen twee weken - geen probleem'. Zoiets zei hij niet. In plaats daarvan zei hij: '*En ik kwam bij jullie in zwakheid, en met vrees en veel beven.*' Hij wist niet wat hij moest doen.

Paulus had hetzelfde geheim leren kennen dat Jezus ook kende. Wees een klein kind. Als we denken dat wij het allemaal wel weten, komen we niet in aanmerking.

God komt naar ons toe in onze zwakheid. Het is niet nodig dat wij het allemaal op een rijtje hebben om Gods zoon of dochter te kunnen zijn. Een van Denises beste vriendinnen, Katie, gaf haar getuigenis in een samenkomst een paar jaar geleden, en ik heb nog nooit zo'n goed getuigenis in mijn leven gehoord. Hoe meer ze vertelde, hoe meer ik voelde dat zij mijn zuster was. Ik had niet dezelfde soort pijn ervaren, maar ik kon me wel verplaatsen in wat ze vertelde. Als mensen laten horen hoe sterk ze wel niet zijn geweest en alles op een rijtje hadden, dan kan ik daar gewoon niets mee. Ik weet dat er ogenblikken zijn geweest dat ik de *indruk* gaf dat ik alles voor elkaar had. En als er zalving is, wekt het de indruk dat ik de hele wapenrusting aan heb. Het kan lijken alsof ik echt een ridder van God ben. *Maar haal de helm er maar eens af, en kijk maar in het gat van mijn nek.*

Niet langer het spel meespelen

Vroeger deed ik alsof ik een deskundige was. Ik leerde al die verschillende trucjes om mijn kracht te demonstreren. Later kwam ik tot het inzicht dat eigenlijk mijn zwakheid mijn sterkste punt was. Ik was alleen maar een jager die per ongeluk gered werd! Dat kwam niet door mij! Een erg dapper persoon profeteerde over mij dat ik een leraar van het Woord zou worden. Het was de dapperste profetie die ooit door iemand over mij werd uitgesproken, als je nagaat hoe ik eraan toe was op die bewuste dag. En ik was dwaas genoeg om het te geloven. Ik dacht dus, dat als ik een leraar van het Woord zou worden, dat ik er dan goed aan zou doen om te gaan lezen. Vanaf die tijd ben ik het Woord gaan lezen, en nu heb ik het gevoel dat ik in een rivier vol openbaringen sta, en ik ben me er maar al te goed van bewust dat dit niet komt door mijn 'deskundigheid'.

In de afgelopen jaren hebben wij de tijd van ons leven gehad. Die vrijheid en vreugde heb ik pas kunnen ervaren ervaren vanaf het moment dat ik in staat was om alles los te laten waarvan ik het gevoel had dat ik dat zou moeten zijn en worden, en ik gewoon een kleine jongen in de armen van mijn Vader kon zijn.

Weet je wat de sleutel is voor deze openbaring van de liefde van de Vader? Gewoon een klein kind worden. *Een klein kind.* Hoe meer je probeert ontwikkeld over te komen en een weetal te zijn, de Bijbel te kennen, naar alle preken te luisteren en alle boeken te lezen; hoe meer je de grote, sterke, volwassen man of vrouw van God wilt uithangen, en zo bekend wilt staan, hoe kleiner je vermogen zal zijn om de Vader te leren kennen als de Vader die *jou* liefheeft.

In mijn visioen van de ridder op het paard die de bossen uittreed, voelde ik me een kleine jongen... *maar ik zat op een wit paard.* Het witte paard is de Heilige Geest. En wanneer je op dat witte paard zit, zal je geen toestemming krijgen om de teugels in handen te nemen. Je zult moeten gaan daar waar Hij danst. En, het is een dans. God wil ons gebruiken. Hij wil dat Zijn kracht door ons openbaar wordt, maar de paradox is dat *jouw zwakte je grootste kracht is.* Heb jij zwakke plekken in je leven? Heb je problemen waar je geen raad mee weet? Die zijn jouw grootste mogelijkheden. Het komt zo vaak voor, dat we van God verwachten dat Hij ze oplost voordat Hij ons kan gebruiken. Hoe zwakker je bent, hoe meer Hij je kan gebruiken. Het grootste struikelblok is onze eigen kracht, onze eigen bekwaamheid, onze zelfbevestiging en zelfverwerkelijking. 'Vol geloof en kracht' en 'alles voor elkaar hebben' is onze grootste hinderpaal.

Als je uitgaat van jouw kracht, zal Hij je het resultaat daarvan geven. Maar, als je zwak kunt zijn, zal je de uitwerking van Zijn kracht ontvangen, en dat is oneindig veel beter.

HOOFDSTUK ACHT

De glorieuze vrijheid van zonen

∾

Met heel mijn hart verlang ik ernaar, dat je de hulp zult ontvangen om je hart open te zetten, zodat je de liefde van de Vader kunt ontvangen. Het is Zijn diepste verlangen om Zijn kinderen heel dichtbij Zich te hebben, in een leven op die intieme plaats, verborgen in Christus, in Vaders hart. Maar dat is niet het enige. Er is nog zoveel meer. Er ligt een heerlijke erfenis op je te wachten om in binnen te gaan. De erfenis die toekomt aan de zonen en dochters. Hij is onze erfenis. Maar het is zelfs nog glorieuzer: wij zijn *Zijn* erfenis! Als je het hebt over het hoogtepunt bereiken! Dat ligt nog voor ons. Het is als het openleggen van een vergezicht dat zo wijds is als de eeuwigheid zelf. Maak je veiligheidsgordel dus maar vast, en maak je klaar voor de vlucht van je leven.

De manier waarop ik tijdens mijn bediening onderwijs gaf, was soms beangstigend. Watchman Nee heeft gezegd dat er twee verschillende zalvingen zijn. De ene is als je precies weet wat je allemaal gaat zeggen, waarbij je het vermogen hebt om de zalving erin vrij te zetten. De andere is dat jij de zalving volgt, zodat je niet weet waar je uitkomt, of wat je gaat zeggen. En dat is enger, maar geeft ook veel meer plezier, omdat je er niet zeker van bent wat de Heer verder gaat zeggen. Soms zeg ik iets, terwijl ik niet eens weet wat ik zeg, en ben ik verbaasd over de dingen die ik uit mijn eigen mond hoor komen. Heel vaak hoor ik mezelf dingen zeggen, en heb ik er geen flauw idee van waar ik het over heb! Dat gebeurde een keer toen ik in Duitsland was. En omdat ik natuurlijk afhankelijk was van een vertaler, had ik wat meer tijd om tussen de zinnen door te bidden. Ik zei iets en ik wist niet waarom ik het zei, maar ik voelde dat het van de Heer was. Ik had het erover dat God graag tot ons komt om een Vader voor ons te zijn in ons dagelijks leven. Hij vindt het heerlijk om ons Zijn liefde te tonen door te voorzien in gewone dingen, zoals een parkeerplek bijvoorbeeld. Terwijl ik aan het spreken was, hoorde ik mezelf plotseling zeggen: *'Maar dat is niet waar Hij werkelijk op uit is!'*

WAAR IS HIJ WERKELIJK OP UIT?

Toen ik dat zei, dacht ik meteen: 'Nou...waar is Hij dan *wel* op uit?' Wat zou er verder nog kunnen zijn? Ik voelde echt dat het de Heilige Geest was Die sprak, maar ik had niet het flauwste idee waar Hij naartoe wilde! Ik zei in mezelf: 'Heer, waar *wilt* U naartoe?' Hij zei niets, dus ging ik door met spreken en zei: 'Hij vindt het heerlijk om in onze samenkomsten te komen en onze aanbidding te zalven...maar dat is niet waar Hij werkelijk op uit is!' 'Waar is Hij dan *wel* op uit?' riep mijn hart uit!

Mijn gedachten speerde vooruit en dacht, 'Wat ter wereld ga ik zeggen?' Ik kreeg het gevoel dat ik een gat aan het graven was, dieper en dieper, en ik zou niet in staat zijn om eruit te klimmen! Ik had geen idee van wat er ging gebeuren, maar er leek geen andere optie te zijn dan door te blijven spreken. Dus begon ik een verhaal te vertellen over iets dat Denise en ik hadden meegemaakt.

Ik vertelde dat we in Nederland waren, een paar jaar geleden, toen we naar een spoorwegstation reden en erge haast hadden. De treinen in Nederland rijden precies op de minuut; ze komen geen seconde te laat. Als je er niet op de juiste tijd bent, mis je de trein. Wij reden dus naar het station, om de trein te halen. We hadden nog vier minuten om te parkeren, uit te stappen, onze koffers te pakken, een kaartje te kopen, naar het perron te lopen, en in de trein te stappen. We zaten dus in tijdnood. We kwamen bij de parkeerplaats, en die was vol. Niet alleen dat, er stonden honderden fietsen tegen de muren langs het parkeerterrein, en we beseften dat het op dat tijdstip altijd erg druk was. We reden op en neer door de paden van het parkeerterrein op zoek naar een lege plek, maar konden geen enkele vinden. Het was tjokvol. En toen bad Denise: 'Vader, wilt U ons een parkeerplaats geven?' Ze was begonnen met bidden op het moment dat we de parkeerplaats op kwamen rijden, omdat ze dacht dat de Heer wat tijd nodig had om iemand naar zijn auto terug te sturen. Het kost wat tijd, zelfs voor God om zoiets voor elkaar te krijgen.

Toen wij dus rondreden om een plek te vinden, voegde ze eraan toe: 'Heer, wilt U er ook voor zorgen dat er iemand een *beetje* misselijk wordt, en besluit om vandaag niet naar zijn werk te gaan!' Ik weet niet of de theologie hierover klopt, maar dat bad ze in ieder geval, toen we op een ander gedeelte van de parkeerplaats kwamen en een man zagen in de verte, die zijn auto had neergezet en recht op ons af kwam lopen. Plotseling stopte hij, keerde om, en liep terug naar zijn auto. Denise gilde naar Vince, die achter het stuur zat: 'Volg die man!' Dus daar gingen we, die man achterna. Net toen we de hoek omkwamen stapte hij in zijn auto, reed de parkeerstrook uit en reed weg. Een lege parkeerplaats! We konden net op tijd de plek inrijden en Denise zei: 'U mag hem nu wel weer beter maken, Heer!' Het was de dichtstbijzijnde parkeerplek bij de ingang van het station. We sprongen uit de auto, graaiden onze kaartjes bij elkaar, haastten ons over het perron, sleepten onze koffers mee, de trappen af, over een volgend perron, de trappen weer op, kwamen op het perron waar onze trein stond te wachten, liepen meteen naar de open deur van de trein, de deuren gingen achter ons dicht en daar gingen we. We hadden het gered – net op tijd!

Zo is Hij! Hij houdt ervan om op die manier een Vader voor Zijn kinderen te zijn. Maar, toen ik op die dag sprak, bleef ik maar zeggen: *'Maar dat is niet waar Hij werkelijk op uit is!* Hij vindt het heerlijk om onze campagnes te zalven, onze outreaches, onze zendingsreizen naar andere landen, *maar dat is niet waar Hij werkelijk op uit is!'* Die woorden bleven maar komen en ik voelde dat de spanning in de zaal toenam. Iedereen dacht: 'Waar *is* Hij dan wel op uit?' En dat wist ik niet! Uiteindelijk, toen ik het weer zei, liet Hij het me zien.

Weet je, Hij vindt het heerlijk om te komen en een Vader voor ons te zijn te midden van al het gedoe in ons leven, maar waar het Hem *werkelijk* om gaat, is dat wij zonen en dochters van Hem worden te midden van alles wat *Hij* doet. Hij wil niet alleen graag dat wij Hem leren kennen als Vader in *onze* wereld, maar dat wij zonen en dochters van Hem worden in *Zijn* wereld, volgens *Zijn* perspectief van leven.

Wat mij is opgevallen bij vaders en moeders, is dat ze willen dat hun kinderen een leven zullen leiden dat gelijkwaardig is aan, *of zelfs beter* is dan hun eigen leven. Wat voor soort opleiding zij ook gehad mogen hebben, ze willen dat hun kinderen net zoveel, zo niet meer dan zijzelf zullen krijgen. Ze willen altijd iets wat beter is voor hun kinderen. Laat me je zeggen dat God hetzelfde voelt voor Zijn kinderen. Hij is onze Vader, en het is Zijn verlangen dat wij zonen en dochters van Hem zullen zijn *in overeenstemming met Wie Hij is.*

Toen wij voor het eerst hoorden over de liefde van de Vader, dachten wij dat het alleen maar ging over genezing van je emoties. Daarna kwamen we tot het besef, dat er veel meer was dan we ooit hadden gedacht. Hij stort Zijn liefde uit in ons hart en geneest ons van de trauma's in ons leven, maar dat is nog maar het begin. Velen van ons beginnen de liefde van de Vader te ervaren en denken: 'Oh, nou ben ik helemaal genezen. Ik kan nu weer verder met waar ik gebleven was, omdat ik het nu kan doen als iemand die genezen is.' Het doel dat God voor ogen heeft, is veel en veel meer dan dat. Hij wil dat we steeds zullen leren wandelen met Hem in zwakheid. Het is Zijn verlangen dat we gewend zullen raken aan het gevoel van kwetsbaarheid en afhankelijk zijn, zoals Jezus dat deed. Een van de grootste geheimenissen van het christelijke leven is, dat we leren ons op ons gemak te voelen als we zwak zijn, in plaats van dat we proberen ons ertegen te verzetten.

Vaak zullen we nederigheid tonen en zwak zijn *als er niemand in de buurt is*, met als doel genezen te worden. Maar Vader wil dat we leren erin te leven. Kwetsbaar zijn voelt beangstigend aan. God wil niet dat wij eenmalig een bezoekje brengen aan nederigheid, maar dat we daar zullen *leven*. Wanneer we leren leven op die kwetsbare plek waar we voortdurend Zijn liefde nodig hebben, en we ons in toenemende mate kunnen vereenzelvigen met de woorden: *'De Zoon kan uit Zichzelf niets doen'*, zal God ons kunnen gebruiken. Je zult tot grote hoogten in God stijgen, die je niet zult kunnen bereiken dan alleen met een nederig hart. Als we op die plek leren leven, zal Hij met ons kunnen werken als Zijn zonen en dochters. Dat begon ik in te zien. De Vader wil dat we zonen en dochters zullen zijn *in overeenstemming met Wie Hij is.*

Toen ik mezelf deze dingen voor het eerst hoorde zeggen in Duitsland, was dat het begin van een openbaring, die niet alleen mijn leven begon te veranderen, maar ook mijn persoonlijkheid. Op dat moment in mijn leven dacht ik: 'Nou, we hebben een behoorlijk geslaagde bediening, waar ik meer van geniet dan van wat dan ook in mijn leven. We hebben genoeg om van te leven. Het werkt voor ons op verschillende manieren.' Ik dacht: 'Dit is het! Ik ben een rondtrekkende prediker en reis over de hele wereld, en spreek over de Vader; vervolgens ga ik naar huis, neem vakantie en ga weer op reis. Het gaat goed zo!'

Maar toen ik zag dat God ons riep om zonen en dochters te zijn in overeenstemming met Wie *Hij* is, in *Zijn* perspectief van het universum – toen begon ik erover na te denken, dat ik een richting in mijn leven moest vinden die paste bij een zoon van God en niet alleen bij een rondreizende prediker. Wat zou ik met mijn leven kunnen doen, waardoor ik een zoon zou worden, in *overeenstemming* met Wie mijn Vader is? – Want mijn Vader is ook nog eens de Almachtige God! Dat was het moment waarop wij de droom voor ogen kregen dat de liefde van de Vader iedere stroming van het christendom zou gaan bereiken, iedere cultuur, elke natie, en ieder persoon op de hele wereld. En zo begon dit verhaal. We begonnen scholen op te richten waar mensen zo diep mogelijk aangeraakt zouden kunnen worden door een diepe ervaring van Vaders liefde, omdat wanneer het eenmaal in je hart is binnengekomen, je hele wereld zal veranderen.

Hoe is God?

Als je erover na gaat denken wat het betekent dat je een zoon of dochter bent die op de Vader lijkt, leidt dat tot een volgende vraag. Hoe is mijn Vader werkelijk? Wat zijn de meest wezenlijke karaktereigenschappen van mijn Vader? Die eigenschappen zouden we nader moeten gaan onderzoeken om te kunnen leven als een zoon die lijkt op zijn Vader. Welke eigenschappen zijn kenmerkend voor Hem? Laat me een lijst geven van enkele bekende eigenschappen, die meteen in mijn gedachten opkomen. God is Waarheid, Hij is bewogen, relationeel, Ja! Redding, geloof, hoop, vreugde, beschrijven allemaal aspecten van Zijn aard. Absoluut! Er komt nog meer op in mijn gedachten, zoals genade, heerlijkheid, heiligheid. Ook zou je de 'alom'-eigenschappen kunnen opsommen: 'Hij is alwetend, almachtig, alomtegenwoordig.'

Toen ik zo aan het denken was over deze eigenschappen van God, kwam er plotseling nog een woord in mijn gedachten. Het was een woord waarvan ik nooit eerder had gedacht dat het de aard van God beschrijft. Wat nog meer is, ik heb zelfs nog nooit een christelijke spreker dit woord horen gebruiken. En dat was het woord 'vrij'. God is VRIJ!

Vrijheid is een van de kostbaarste dingen voor het menselijk hart. We kijken naar films over vrijheid, lezen boeken over emancipatie en luisteren naar muziek die vrijheid tot uitdrukking brengt. Waarom spreekt William Wallace zo tot onze verbeelding in de film *Braveheart*? Omdat alles in ons zich kan vereenzelvigen met een man die zijn leven zou willen geven voor vrijheid voor zichzelf, voor zijn volk en voor zijn land. Vrijheid is waarschijnlijk een van de belangrijkste kwesties waarmee we te maken hebben als menselijk ras. Meer dan wat dan ook wil de mens vrij zijn. Het tegenovergestelde van vrijheid is slavernij. Ik kan me niet iets anders voorstellen dat erger is dan slavernij. Dan zou ik liever dood willen zijn! Slavernij moet wel een van de wreedste dingen zijn die het menselijke ras ooit heeft bedacht. Je kan op geen enkele manier een beslissing nemen als individu. Je hebt geen zeggenschap over wat je doet of zult gaan doen. Je hebt niets te zeggen over wat je gaat eten, of over wat voor kleding je gaat aantrekken. Als je trouwt kan het gebeuren dat je de rest van je leven gescheiden zult zijn van je vrouw of man, als een van beiden wordt verkocht. Slavernij van kinderen is nog erger. Dat druist in tegen elk begrip van vrijheid binnenin ons. Er is iets in ons dat zich uitstrekt naar hoop, dat gelooft dat er iets beters is.

Vrijheid is gewoon iets dat wezenlijk hoort bij de aard van God en Zijn hart. Hij is *volkomen vrijheid*. Vrijheid wordt altijd afgemeten aan de grenzen die er worden gesteld. Heeft God beperkingen? Hij kan toch alles doen? Hij kan alles scheppen, wat Hij ook maar wil. Er zijn geen grenzen aan Zijn vrijheid. Nou ja, er is iets wat Hij niet kan doen. Hij kan niet zondigen. Dat is op zichzelf geen beperking, hoewel ik vroeger dacht dat dit wel zo was, totdat ik de natuur van zonde begreep. Men zei tegen mij: 'Zonde is iets afschuwelijks. Dat moet je nooit doen! God haat het. Het is verkeerd. Het is slecht. Het is boosaardig!' Maar deze uitleg bevredigde mij absoluut niet, omdat er vormen van gedrag zijn die worden bestempeld als zondig, terwijl ze niemand kwaad schijnen te doen. Wat was er nu zo verschrikkelijk aan die dingen? Er zijn veel dingen die natuurlijk verkeerd zijn, maar er waren ook sommige zonden waar ik echt geen kwaad in kon zien. Er zijn sommige dingen die we in ons leven toelaten, omdat we niet goed begrijpen wat er nu zo slecht aan is of omdat we niet inzien wat voor kwaad er in bepaald gedrag schuilt.

Het werkelijke probleem met zonde is, *dat het je aan banden legt met zichzelf.* Zonde neemt je te pakken, het *overmeestert* je, het *beheerst* je, en zet je *gevangen*, het ontneemt je je vrijheid. *Daarom* is zonde zo slecht. God zei tegen Kaïn: *'De zonde ligt aan de deur en het is zijn begeerte om jou te overmeesteren.'* (Gen. 4:7). De begeerte van de zonde is altijd om ons te overmeesteren. En als we zonde toelaten, zullen haar boeien ons verstrikken en ons naar beneden sleuren. De reden waarom God niet wil dat we zondigen is niet zozeer omdat zonde 'slecht' is, maar omdat Hij weet dat ze je ziel zal vernietigen. Ze zal je steeds dieper in gebondenheid voeren, waaruit je alleen bevrijd kan worden door het bloed van Jezus.

Als we dus zeggen dat God niet kan zondigen, komt dat omdat *Hij Zijn vrijheid niet zal kwijtraken*. Hij zal door niets en niemand overmeesterd worden. Hij zal altijd vrij blijven. Ik heb me nooit gerealiseerd dat vrijheid zo'n belangrijk punt is voor God. Wat nog meer is, het begon me op te vallen elke keer dat ik de Bijbel las. Een Bijbelgedeelte zoals Romeinen 8:15; 2 Korinthe 6:18; Galaten 4:6, spreken allemaal over ons als zonen en dochters van God, die binnengaan in dezelfde vrijheid als de *vrijheid* die Hij ervaart.

DE VRIJHEDEN VAN DEZE WERELD

Als we naar vrijheid kijken vanuit ons menselijk gezichtspunt, zou het erop kunnen lijken dat degenen die de meeste vrijheid genieten waarschijnlijk de meest vermogende mensen zijn. Als je heel veel geld hebt kan je doen wat je maar wilt. Hoe meer geld je hebt, hoe groter de vrijheid is die je hebt. Een paar jaar geleden vloog John Travolta naar Nieuw Zeeland in zijn eigen Boeing, die door hemzelf bestuurd werd. Hij vloog naar Auckland en naderde het vliegveld daar. Toen hij aanstalten maakte om te gaan landen, besloot hij plotseling om door te vliegen naar het verste punt van Nieuw Zeeland, en eerst het landschap daar te bewonderen. Dus vloog hij zuidwaarts over het Noordereiland en over het Zuidereiland, en keek naar al die bergen, en vloog toen weer terug naar Auckland. Alleen maar om rond te kijken! Dat moet hem tienduizenden dollars hebben gekost, alleen maar om uit het raam te kijken naar dingen die hij wilde zien. Als je het geld ervoor hebt, kan je bijna alles doen wat je maar wilt.

    Stel je eens even voor dat je op een ochtend wakker wordt omdat de telefoon gaat. Je neemt hem op en hoort dat je een reusachtige som geld hebt geërfd. Zoveel geld, dat al zou je iedere dag van de rest van je leven zoveel mogelijk uitgeven, het zou je niet lukken om alles uit te geven. Stel je dat eens voor. Je zou alles kunnen kopen. Er zouden geen beperkingen zijn. Als je zoveel geld zou hebben, wat zou jij dan doen?

    Zou je dan de wereld rondreizen? Zou je dan de mooiste nationale parken gaan bezoeken en je tijd besteden om ze te verkennen? Zou je een eiland kopen? Wat zou je op dat eiland neerzetten? De mooiste villa die je je maar kunt voorstellen? Zou je gaan shoppen? Natuurlijk zou je dat doen. Dat zouden we *allemaal* doen! Stel je voor dat je naar Hawaï zou willen gaan, maar de tickets zijn uitverkocht, dan zou je gewoon de luchtvaartmaatschappij opkopen! Dan zou je overal naartoe kunnen gaan, waarheen je maar wilt. Misschien zou je naar het mooiste hotel in Monaco kunnen gaan. Je zou zelfs het complete hotel kunnen kopen. De opties en mogelijkheden zijn welhaast onbegrensd. Als je welgesteld bent heb je alle vrijheid van de wereld!

    Het is een van mijn dromen geweest om een keer naar Alaska te gaan. Ik had genoeg airmiles opgespaard om daar naartoe te kunnen gaan. Ik vertrok vanuit Fairbanks, en liftte zuidwaarts, naar Anchorage, wat me ongeveer negen dagen kostte. Ik kon met iemand meevliegen in zijn tweepersoons Piper Cub, die af en toe landde op een open plek in de bossen, op zoek naar elanden en grizzlyberen. Ik ging zalmvissen met een stel andere mannen en ik stond daar in het water en ving de ene na de andere zalm. Er waren voetafdrukken van een grizzlybeer achter me, en dat was best wel enigszins beangstigend!

Als je droom vervuld wordt, heb je één droom minder. Uiteindelijk zal er geen droom meer overblijven. Als je al het geld in de hele wereld hebt om te doen waar je zin in hebt, zou je binnen een jaar of vijf met gemak al je dromen kunnen vervullen. Maar daar zou je aan gewend raken en gaandeweg zou je kijk op het leven veranderen en zou het niet meer zo opwindend en leuk zijn.

Jaren geleden las ik een artikel in het tijdschrift *Time*, dat geschreven was door een psychiater voor steenrijke mensen. Hij deed de volgende uitspraak: *'De wanhoop van de superrijken is onpeilbaar.'* Is dat niet interessant? De superrijken kunnen dan wel alle vrijheid van de wereld hebben, maar hun wanhoop is onpeilbaar. Als al je dromen zijn vervuld, is er niets meer om voor te leven. Ik heb dromen waarvan ik weet dat ze nooit zullen worden vervuld, maar ik geniet van die droom, omdat het dromen op zich mij doet leven. Als je geen dromen meer hebt, en er is niets meer wat je graag zou willen doen, zal er doodsheid over je ziel komen. Dromen zijn ongelooflijk belangrijk voor ons. *Dit toont aan dat het menselijk hart het vermogen bezit om te dromen van een vrijheid die ver uitstijgt boven wat de wereld ons te bieden heeft.* Deze wereld kan je dromen niet verwezenlijken en deze wereld kan je niet de vrijheid geven waar je hart voor is gemaakt. Wij zijn niet bestemd voor de beperkte vrijheid van deze wereld. Wij zijn bestemd voor dezelfde vrijheid die God Zelf heeft.

Waar naartoe zijn wij op weg?

Het achtste hoofdstuk van Romeinen legt dingen uit over het christendom, die ik me nog nooit eerder had gerealiseerd. Het gaat over het zoonschap en laat ons zien waar God ons heen voert. Vaak zien we alleen maar wat voor profijt we hebben van een bepaalde waarheid, maar niet waar de werkelijkheid ervan op stoelt. Bijvoorbeeld, we kunnen denken dat het uitdrijven van demonen het doel is van gevuld zijn met de Geest, in plaats van dat het simpelweg een bijwerking is van wie wij *aan het worden zijn* in God. Onze identiteit in God is zoveel meer dan het vermogen grote dingen voor Hem te doen.

Vanaf hoofdstuk 1 tot en met hoofdstuk 8 geeft Paulus een beeld van wat Gods doel is door de geschiedenis heen, waardoor Hij laat zien hoe Hij in de wereld werkt. Hij voltooit dit beeld met het noemen van het hoogtepunt halverwege hoofdstuk 8. Daarna doet hij enkele prachtige uitspraken, zoals: '*Als God voor ons is, wie zal er dan tegen ons zijn?*' en '*Wie zal ons scheiden van de liefde van Christus – noch hoogte, noch diepte, noch enig ander schepsel of ding, kan ons scheiden van de liefde van God in Christus Jezus onze Heer.*' Dat zijn geweldig krachtige uitspraken.

Ik wil je aandacht vestigen op vers 22, op de uitspraak: '*want wij weten, dat heel de schepping gezamenlijk zucht en in barensnood verkeert tot nu toe.*' Omdat ik een man ben, weet ik weinig over barensweeën. Maar ik was bij Denise toen zij Matthew baarde, onze jongste zoon. Zij onderging het baren zonder een kik te geven. Ze gebruikte ook geen enkele pijnstiller. Ik was erg trots op haar, maar ik voelde me misselijk toen ik zo naar haar keek, en de ondraaglijke pijn zag, die ze leed. En hoewel zij geen enkel geluid maakte, brak ze vrijwel elk botje in mijn hand – dus ik weet wel iets over barensweeën! Men heeft mij verteld dat baren een alles opeisende ervaring is. Het is onmogelijk om ook maar aan iets anders te denken als je aan het baren bent. Paulus gebruikt juist deze beeldspraak om de intensiteit te beschrijven van Gods verlangen om iets geboren te laten worden. De hele schepping is in barensnood om iets voort te brengen! Er is een ongelooflijk verlangen in God om Zijn schepping verlost te zien van de gevolgen van de zondeval, en vrij te zien worden.

God is zeer doelbewust met wat Hij aan het doen is in ons leven. Soms kunnen we ons geloof als gewoon een verlengstuk van ons leven beschouwen. We zijn druk bezig met het vervullen van veel rollen: Ik ben architect, bankier, politieagent, accountant, chef in een werkplaats, lid van een team, moeder, vader, mentor, sportman, oh ja, ik ben ook nog christen.' Maar christen zijn wil zeggen dat God tot hoogste doel heeft het werk dat Hij in je is begonnen ook af te maken tot wat Hij in gedachten heeft gehad. Hij werkt zeer doelbewust. Het is geen hobby. Het betekent alles voor Hem. Hij is heel doelgericht in wat Hij aan het doen is.

Als we teruggaan naar vers 19, dan staat daar een mooi understatement: '...*met reikhalzend verlangen immers verwacht de schepping het openbaar worden van de zonen van God.*' Gods focus door de hele menselijke geschiedenis heen is erop gericht dat Zijn zonen en dochters tevoorschijn komen! Ik geloof, dat naarmate men steeds dieper in de openbaring van God als onze Vader komt, en Zijn liefde ervaart en met Hem wandelt op dezelfde manier als Jezus deed, dat wij zonen en dochters zullen zien opstaan *met een autoriteit die ver uitstijgt boven wat men ooit ervaren heeft.*

Dat zal een andere vorm van gezag zijn. We kennen het gezag van het Woord. We kennen de autoriteit van de Geest. We kennen het gezag van de bedieningsgaven. We kennen het gezag van een bepaalde bediening. Maar er is een nog grotere autoriteit. Het gezag van de Vader! En die komt alleen op zonen! Wanneer het gezag van de Vader komt, zal het doortrokken zijn van liefde, waarheid, kracht, goedertierenheid, vriendelijkheid, mildheid, wijsheid, en al Zijn vaderlijke eigenschappen. Het zal een gezag zijn dat absoluut onweerstaanbaar zal zijn voor de wereld. Als die autoriteit komt, zullen wij de *zonen* en *dochters* in alle landen tevoorschijn zien komen.

HET GEZAG VAN ZONEN EN DOCHTERS

Daar is het christendom op weg naartoe. Dat is het grote doel van de hele schepping. Als de zonen van God geopenbaard worden, naar de gelijkenis van Christus, zullen we mannen en vrouwen op zien staan in elke natie, die het onvoorstelbare vermogen zullen hebben om rechtstreeks vanuit het hart van de Vader te spreken. Wat verder zal reiken dan het gezag van eenvoudigweg het Woord geloven, voorbij het gezag van vervuld zijn met de Heilige Geest, maar met het gezag van de persoonlijkheid van de Vader in hun hart gedrukt, dat geopenbaard wordt naar Zijn gelijkenis. Er staat dat '...*de hele schepping kreunt en wacht op het openbaar worden van de zonen van God.*' Daar draait het allemaal om!

Hij roept ons op om zonen en dochters te zijn in overeenstemming met Wie Hij is! Dan zullen we het stempel dragen, het merkteken en *het gezag* van onze Vader op ons. De twee getuigen in Openbaringen 11 zijn een goed voorbeeld van het eindresultaat van de doelstelling van de Vader. Ze kwelden de leiders van de wereld met hun prediking en konden niet gedood worden met wat voor wapen de wereld ook maar in het geweer kon brengen, als God het niet toestond. De wereldleiders zijn zo opgelucht over hun dood, dat ze feestvieren! Maar God wekt hen op uit de dood voor het oog van de wereld en roept ze naar de hemel. Het zal je bemoedigen om over hen te lezen, om zo inzicht te krijgen in wat het ware gezag van zoonschap voorstelt.

Als we kijken naar wat Paulus zegt, dat: '...heel de schepping kreunt en wacht op het openbaar worden van de zonen van God,' zien we een beschrijving hiervan in vers 21, '...in de hoop dat ook de schepping zelf bevrijd zal worden van de slavernij, van het verderf, en zal komen tot de vrijheid en heerlijkheid van de kinderen van God.' De vrijheid en de heerlijkheid van de kinderen van God! Als we kijken naar wat het betekent om een zoon en dochter van de Vader te zijn, laat dat zien dat Hij ons geroepen heeft om vrij te zijn, zoals Hij vrij is.

Dit is iets wat elke goede vader voor zijn kinderen wil – dat ze hetzelfde ervaren in het leven als wat *hij* ervaart. Wij hebben een Vader die niet te vergelijken is met een aardse vader. Hij is de Vader naar wie alle geslacht op aarde is vernoemd. Met andere woorden, wij ontlenen allemaal onze identiteit als familie en als menselijk wezen aan het feit dat Hij onze Vader is. Wij maken deel uit van de familierelatie die er bestaat binnen de Drie-Eenheid! Hij is *de* Vader, de *echte* Vader en nu zijn wij Zijn echte zonen en dochters. Hij heeft Zijn Geest in ons uitgestort, en Hij roept ons om binnen te komen in Zijn liefde, te ervaren wat voor een Vader Hij is, totdat we tot zonen en dochters zijn opgegroeid die gelijkvormig zijn aan Wie *Hij* is.

Enkele jaren geleden was er een beweging die 'de zichtbare zonen van God' werd genoemd, maar ze hadden niet de openbaring van de Vader ontvangen. *Eigenlijk* draait zoonschap niet om een zoon zijn. Zoonschap gaat over de Vader, omdat je pas echt een zoon kunt zijn als je een relatie hebt met een vader of een moeder. Dat is de betekenis van zoonschap. Als we dus opgroeien in dat zoonschap, brengt Hij ons in die *glorieuze vrijheid* van de kinderen van God.

Hoe vrij is God?

De soort vrijheid waartoe wij worden geroepen gaat verder dan we denken. Als jij je leven aan de Heer geeft, vergeeft Hij je zonden en ben je vrij. In Johannes 8:36 staat: 'Wanneer de Zoon je heeft vrijgemaakt, ben je werkelijk vrij.' Wij relateren dat vaak aan een eenvoudigweg vrij zijn van zonden of wedergeboren zijn, maar deze vrijheid gaat een stuk verder. Het is slechts een begin!

Er is een vers in Galaten dat ik nooit goed heb begrepen, niet totdat ik deze kwestie over vrijheid had begrepen. In Galaten 5:1 staat: *'Sta dan vast in de vrijheid waarmee Christus ons heeft vrijgemaakt.'* Ik heb me dat altijd afgevraagd, omdat ik niet goed begreep wat dat betekende. Waarom herhaalde Paulus het woord 'vrijheid'? Waarom zei hij niet gewoon 'God heeft ons geroepen tot vrijheid?' Hij was heel precies in zijn woordgebruik, omdat het *omwille van de vrijheid* was dat Christus ons heeft vrijgemaakt. Ik heb altijd gedacht dat de voornaamste reden waarom ik was vrijgemaakt, was om vrijgemaakt te zijn van het gebonden zijn aan zonde. Nee, dat is het niet. Het is *voor vrijheid* dat Christus ons heeft vrijgemaakt. Waarom? Omdat *vrijheid onze bestemming is*. Hij zet ons vrij, omdat vrijheid zo geweldig mooi is, niet omdat gebonden zijn zo verschrikkelijk is. Hij wil dat we wandelen in Zijn vrijheid, en die vrijheid is zoiets ongelooflijks.

We dromen over die vrijheid. Ik geloof dat onze dromen uit de Hof van Eden komen, uit het diepst van het hart van God. Er is een echo uit de Hof van Eden binnenin ons. De verwachtingen die wij hebben ten aanzien van hoe het leven voor ons eruit zou moeten zien in termen van gerechtigheid en eerlijkheid, grijpen helemaal terug naar de Hof van Eden. Ondanks alle onrechtvaardigheid, die je in grote mate in de huidige wereld tegenkomt, *zal* er een dag komen van volmaakte gerechtigheid.

Wij zijn geroepen om vrij te zijn. Net zo vrij als Jezus. Zo vrij als de Vader is. Maar hoe vrij is God? Nu gaat het pas leuk worden.

Wat ik leuk vind aan Jezus, is dat Hij vrij was van het betalen van belastingen. Om wat nauwkeuriger te zijn: Hij betaalde wel belasting, maar *Hij was vrij van de methodes van het kapitalisme om aan geld te komen om belasting te betalen.* In Mattheus 17 staat dat Petrus naar Jezus ging om Hem een vraag te stellen. Ik zal die in mijn eigen woorden stellen: 'Heer, de belastingambtenaar is aan de deur. Betalen *wij* belasting?' Toen zei Hij tegen Petrus dat hij moest gaan vissen, met de raad: 'Als je een vis vangt, zal je een muntstuk in zijn bek vinden, en dat zal genoeg zijn voor Mij en voor jou.' Het fascineert me dat Jezus de andere discipelen niet betrekt in dit wonder. Alleen Petrus had Jezus die vraag gesteld en hij werd getuige van de vrijheid waarin Jezus bewoog. Jezus was los van het belastingsysteem van deze wereld.

De gaven van de Geest waarin Jezus bewoog, lieten zien hoe bevrijd Hij was van de beperkingen van het menselijk verstand. Het ging er niet om dat Jezus een genezingsbediening had. Maar meer dat Hij *vrij van ziekte* was! Hij was vrij van alles van de vijand. Hij genas niet alleen mensen; Hij maakte hen vrij van ziekte. Hij bevrijdde hen uit hun gevangenis van pijn en ziekte, omdat Hij Zich in die vrijheid bewoog.

Hij was ook *bevrijd van de beperkingen van opleiding.* Hij wist dingen die Hij niet had geleerd in een klaslokaal. Hij was vrijgemaakt in Gods perspectief van kennis. De Schrift zegt dat: *'Christus Jezus voor ons geworden is, wijsheid van God.'* (I Korinthe 1:30). Wij kunnen de wijsheid van onze Vader binnengaan. We kunnen ons de kennis die Hij heeft eigen maken.

Jezus was vrij van de beperkingen van onze aardse kennis. Hij was vrij van de informatie die voortkomt uit de vijf zintuigen, door opleiding en studie. Hij was vrij van het algemeen aanvaarde 'weten', door de kennis die ver uitstijgt boven de aardse kennis. Hij liep op water, niet omdat Hij op water wilde lopen, maar omdat Hij niet vastzat aan de zwaartekracht. Petrus was nog niet zo vrij. Hij keek naar het water en dacht: 'Arghh! Ik verdrink!' En dat gebeurde ook. Totdat hij naar Jezus keek, in de hoop dat Die hem zou bevrijden van zijn ongeloof. Jezus had geen last van dat soort denken. Dat zien we toen Hij werd opgenomen en door de wolken heen opsteeg naar Zijn Vader. Zou jij het fijn vinden om te vliegen? Waarom droom je over vliegen als het eigenlijk onmogelijk is?

WE ZIJN IN EEN GEVANGENIS GEBOREN

Stel je eens een jongen voor die in de gevangenis is geboren. Zonder ramen. Hij groeit op in de gevangenis, tussen de andere gevangenen, zonder te weten dat er nog iets anders bestaat in het leven dan de gevangenis. Zijn enige uitzicht in het leven is het gevangenissysteem. Iets anders kent hij niet. Naarmate de tijd verstrijkt raakt hij gewend aan de gang van zaken in de gevangenis en leert zelfs om er (slim) gebruik van te maken, om zodoende voordelen te verkrijgen die andere gevangenen niet hebben. Hij komt erachter hoe je het systeem kunt misbruiken, omdat hij heeft geleerd hoe het in de gevangenis eraan toegaat. Waar hij wel en niet ongestraft mee weg kan komen. Maar alles wat hij doet, vindt *nog steeds* plaats in de gevangenis. Hij heeft nog nooit een oceaan gezien, nog nooit bergen gezien, hij weet niets af van boerderijen. In feite kent hij niets anders dan ijzeren tralies, stenen muren en het regime in een gevangenis. Het is mogelijk dat hij denkt dat hij een goed leven heeft, maar wij weten dat hij maar weinig afweet van de echte wonderen van het leven.

Het is zo, dat we allemaal, stuk voor stuk, zijn geboren in een gevangenis. Sir Walter Raleigh heeft een verbazingwekkende uitspraak gedaan: 'De wereld is niets anders dan een grote 'gevangenis'. En die heet 'deze wereld', deze tastbare werkelijkheid. En wij denken dat *dit* alles is in het leven. Dat dit de reikwijdte is van onze ervaring. Sommigen van ons zijn er heel goed in geworden om de systemen van deze wereld te manipuleren. We denken: 'Als het je lukt om het leven aangenamer te maken voor jezelf, en het lukt je om meer voor elkaar te krijgen binnen het systeem van de wereld, nou, fijn voor je!' Wij leiden een leven waarin we geloven dat dit het beste is wat het leven ons heeft te bieden – maar dat is niet zo.

De waarheid, waarde lezer, is dat wij zonen en dochters zijn van God. Maar toen Adam en Eva zondigden kwam er een sluier over het menselijke ras, waardoor de werkelijkheid van wie wij zijn werd verduisterd. *Wij zijn de zonen en dochters van de Almachtige God en Hij roept ons om binnen te gaan in Zijn vrijheid.* Om te zien Wie onze Vader is, en een leven te gaan leiden dat in overeenstemming is met Wie *Hij* is. Als we een leven gaan leiden dat vol verwachting is, dat vol geloof in het bovennatuurlijke is en dat ook ziet, en verder kijkt dan wat wij waarnemen als 'werkelijkheid', verder kijkt dan wat vlak voor je is, verder dan wat je zintuigen je zeggen, en je gaat dromen over wie we kunnen zijn in Hem, dan zullen we ons kunnen uitstrekken naar het zoonschap. De prachtige waarheid is dat God ons roept naar iets dat veel groter is dan we ons kunnen voorstellen. De wereld zal proberen om je op te sluiten. Soms zal zelfs de kerk proberen je vast te zetten door de beperkingen die je opgelegd worden binnen het systeem. Maar wij zijn zonen en dochters van de Almachtige God.

DE GLORIEUZE VRIJHEID ERVAREN

Laat me eindigen met het vertellen van drie verhalen. Deze verhalen laten zien hoe deze glorieuze vrijheid werkt en geven ons een kijkje in het soort leven dat we kunnen verwachten als zonen en dochters die het beeld dragen van onze Vader. Twee van deze verhalen zijn de ervaringen van vrienden van me, en de derde is mijn eigen ervaring.

Een van de vriendinnen van Denise was een keer thuis in Toronto aan het bidden. Plotseling merkte zij dat ze opsteeg van de vloer. Ze ging door het dak van haar huis de nachtelijke hemel in. Ook Jezus werd niet tegengehouden door muren. Ze ging naar buiten de nachtelijke hemel in, en begon door de lucht te wandelen, en bewoog zich met een geweldige vaart over de Atlantische Oceaan, en vervolgens over Europa. Ze zag het allemaal onder zich voorbijgaan. Het was net zo werkelijk als elk ander moment in haar leven. Toen zij Rusland bereikte, begon ze te dalen, totdat ze door het dak van een klein huis heenging, ver weg in de binnenlanden van Siberië. Ze merkte dat ze op de vloer van de keuken stond, achter een oude man, die gebukt stond over een tafel. Hij huilde. Ze legde haar handen op zijn schouders en begon te bidden. Terwijl ze aan het bidden was voor hem, kwam de vreugde van de Heer in zijn hart.

Terwijl hij stond te huilen van vreugde steeg zij weer op door het dak, en vloog naar Zuid Amerika. Ze merkte dat ze daar voor iemand anders aan het bidden was. Daarna vloog ze weer terug naar huis. Ze had zoiets nog nooit eerder meegemaakt. Ze was zo verbaasd. Op een keer vertelde zij dit Bob Jones, de profeet, en vroeg: 'Bob, wat vind jij hiervan?' Hij zei tegen haar: 'Nou, schat, je bent gewoon een echte christen aan het worden, dat is alles!'

Een andere vriend, uit Minneapolis, was op een avond in zijn slaapkamer aan het bidden, toen hij een windvlaag langs zijn gezicht voelde strijken. Hij opende zijn ogen en merkte dat hij op zijn knieën lag op een aanlegsteiger. Hij was 's morgens heel vroeg aan het bidden geweest, maar op de aanlegsteiger scheen een stralende zon. Verbaasd keek hij om zich heen, en vroeg zich af wat er aan de hand was. Plotseling zag hij een meisje verderop op de aanlegsteiger, die aan het schreeuwen was en in paniek was. Dus rende hij naar haar toe en zag dat haar vriendin in het water was gevallen, en in moeilijkheden was. Geen van beide meisjes kon zwemmen, maar die man bleek een heel goede zwemmer te zijn, dus sprong hij van de aanlegsteiger en trok haar het water uit. Hij zette haar neer op de aanlegsteiger en bleef een paar minuten bij hen om de vriendinnen gerust te stellen. Opeens merkte hij dat hij weer terug was in zijn kamer in Minneapolis. Zijn kleren waren drijfnat van het zoute water! Hij had er geen flauw idee van waar hij was geweest. Een paar jaar later was hij op een christelijk kamp toen er door de mensenmassa twee meisjes op hem af kwamen rennen. Een van hen gilde: 'Jij bent die man! Jij bent die man die me heeft gered! Die man op die aanlegsteiger, toen ik in het water was gevallen! Waar ging je heen?' Hij zei tegen hen: 'Waar *was* dat? Wanneer is dat gebeurd?' Ze waren stomverbaasd. 'Dat weet jij toch wel! Jij was er *zelf* bij!' Hij zei dat hij geen flauw idee had van waar het was gebeurd en vertelde hen de hele geschiedenis. Ze zeiden: 'Nou, dat was in Florida!'

Het laatste verhaal gaat over iets dat ik zelf heb meegemaakt. Een paar jaar geleden hadden we een familiereünie thuis bij de moeder van Denise. Iedereen was er en we hadden het erover wat iedereen wilde eten. Uiteindelijk had iedereen een keuze gemaakt en besloten we pizza te halen. Aan mij de taak om het te gaan halen. Ik liep naar de oprit en deed de deur van de auto van het slot. Net toen ik de deur opende en de auto instapte realiseerde ik me dat ik mijn portemonnee vergeten had. Ik herinnerde me dat die in de slaapkamer lag. Maar toen ik op het punt stond om het huis weer in te gaan en hem op te halen, zei een stil, klein stemmetje: 'Maak je daar geen zorgen over.' Ik dacht: *'Geen zorgen over maken? Ik heb helemaal geen geld bij me! En in mijn portemonnee zit genoeg geld. Het is geen enkel probleem om even terug te gaan en het te halen. Ik heb het echt nodig!'* Maar weer was daar dat kleine stemmetje: 'Maak je daar geen zorgen over.'

Dus deed ik het portier van de auto dicht en begon te rijden naar de stad die ongeveer zes kilometer verderop lag. De hele tijd dacht ik: 'Wat ben ik aan het doen? Ik ken die man van de pizzazaak niet eens. Die gaat mij echt niet zomaar een pizza meegeven zonder dat ik betaal. Ik moet terug, mijn portemonnee ophalen!' Maar om de een of andere reden bleef ik doorrijden! Ik kwam bij een bocht waar ik rechtsaf moest slaan, dus stopte ik en keek naar de andere kant – die was vrij. En toen zag ik een briefje van 10 euro naar me toe dwarrelen, recht op mij af. Ik heb nog nooit meegemaakt dat er geld over de weg naar me toe kwam waaien, en hierna heb ik dat ook nooit meer meegemaakt. Het waaide recht op me af en door een windvlaag waaide hij over de motorkap van de auto. Ik dacht: 'Die pak ik!' Dus opende ik het portier net op het moment dat het biljet over de motorkap heen waaide en op de grond viel, precies naast me. De auto die ik reed zat erg laag, dus ik kon het gemakkelijk oprapen van de grond, zelfs zonder dat ik mijn voeten buiten de auto hoefde te zetten. Ik deed het portier dicht en liep naar de pizza zaak. De pizza's kostten $ 9,95! Ik had meer dan genoeg geld in mijn portemonnee thuis, maar het was net alsof Vader zei: 'Jij dacht dat jij de vader bent van het gezin, maar Ik laat je gewoon zien dat *Ik* je Vader ben.' Ik vond dat een groot wonder, ondanks het feit dat het om iets kleins ging. Hierdoor realiseerde ik me dat wij niet meer van deze wereld zijn.

Wij zijn de zonen en dochters van God. Als wij van dag tot dag leren wandelen in de voortdurende ervaring van zijn liefde, zullen we vrij worden. Alle dingen die wij beschouwen als prachtige, bovennatuurlijke gaven van God zijn in werkelijkheid gewoon een uitdrukking van wie wij zouden moeten zijn. Als de zonen en dochters openbaar worden zal het koninkrijk zichtbaar worden en zal deze wereld gaan veranderen. Alles van satan zal worden buitengeworpen. De dag zal komen dat de bruiloft van het Lam gevierd zal worden en wij zullen daar met zijn allen bij aanwezig zijn. De Vader zal komen en naast je neerknielen en al je tranen van pijn wegvegen. De Bijbel zegt: *'Nu zijn wij de zonen van God en wat wij zullen zijn, zal nog blijken.'* (I Johannes 3:2). Als we op het bruiloftsfeest zijn, zullen we elkaar aankijken en zeggen: 'We begrepen de helft nog niet!'

Wij leven in de tijd waarin de Bruid zich aan het klaarmaken is voor de Bruiloft van het Lam. Wij zullen de bruid van Christus zijn op de huwelijksdag. Volgens de Joodse huwelijkstraditie mag de bruidegom zijn bruid pas ontmoeten op de huwelijksdag. Daarvoor wordt zij gereedgemaakt voor hem. Er komt een dag waarop wij Jezus zullen zien, van aangezicht tot aangezicht. Maar nu worden wij gereed gemaakt voor die dag.

Abraham (de Vader), stuurde tien kamelen, beladen met geschenken uit zijn huishouden met zijn dienstknecht (de Heilige Geest) mee, opdat Rebecca gewend zou raken aan de liefde en de familiaire omgeving die Izak (Jezus) Zijn hele leven al gekend heeft. En nu is het de Vader Die ons overlaadt met alles wat Hij is en heeft, zodat wij gereed zullen zijn en klaar voor de bruiloft van Zijn Zoon.

'NU ZIJN WIJ DE ZONEN VAN GOD.'

Ik heb het gevoel dat ik voor het eerst van mijn leven begrijp wat het Evangelie werkelijk inhoudt. Het draait allemaal om een Vader

Die Zijn kinderen is kwijtgeraakt en hen gewoon weer terug wil hebben. Omdat het overgrote deel van de mensheid grote moeite heeft met het liefhebben en eren van gezagsdragers (de zondeval is er de oorzaak van dat de meeste mensen die een machtspositie hebben, bezoedeld zijn door die macht), kwam de Vader niet Zelf, maar zond Hij Zijn Zoon, Die Hem op een volmaakte manier vertegenwoordigde en ons weer thuisgebracht bij Hem.

Wat is God een verbazingwekkend Persoon! En wij zijn Zijn zonen en dochters! Ik zie uit naar de dag waarop wij zonen en dochters zullen zien opstaan in hun volheid en vrijheid, in elke natie op de wereld, waarbij zij de persoon, de aard en de werken van onze Vader laten zien en tot uitdrukking zullen brengen, en als Jezus zullen wandelen in deze gebroken wereld.

BRONNEN

Derek Prince, *Nieuwsbrief februari 1998*.

C.S. Lewis, *A Grief Observed*, Faber en Faber, Londen, 1961.

Andrew Murray, *Abiding in Christ*, Bethany House Publishers, Minneapolis, Minnesota uitgave 1985 door Henry Altemus onder de titel *Abide in Christ*.

Augustinus, citaten van Fr. Raniero Cantalamessa in *Life in the Lordship of Christ*, Sheed and Ward, Kansas City, 1990.

OVER DE SCHRIJVER

James Jordan heeft in zijn jeugd gewerkt als beroepsjager in de bossen van Nieuw Zeeland, totdat hij diep werd aangeraakt door de liefde van God, waardoor zijn leven veranderde en hij geleid werd om het pad van de profetische bediening op te gaan.

In 1997 richten James en Denise Jordan Fatherheart Ministries International op samen met Jack en Dorothy Winter in Pasadena, California. James reist nu de hele wereld rond om onderwijs te geven op scholen, cursussen en conferenties. James voelt zich het meeste thuis in de Nieuw-Zeelandse wildernis waar hij bergen beklimt, jaagt en vliegt met een paraglider.

EEN UITNODIGING...

Als u heeft genoten van dit boek nodigen wij u graag uit om naar een Fatherheart Ministries 'A' School te komen. Fatherheart Ministries 'A' scholen zijn een week lange omgevingen van de openbaring van liefde.

De twee doelen van een 'A' school zijn:
1. Om je de gelegenheid te geven voor een grootse persoonlijke ervaring van de liefde die God de Vader voor jou heeft.
2. Om je het sterkste Bijbels begrip mogelijk te geven van de plaats van de Vader in het christelijke leven en wandel.

Tijdens de school maak je kennis met het volledige perspectief van de openbaring van de liefde van de Vader. Door onthullende inzichten en sterk Bijbels onderwijs verteld door de levens van diegenen die bedienen wordt je blootgesteld aan een transformerende boodschap van Liefde, Leven en Hoop.

Je krijgt de gelegenheid om de voornaamste blokkades te verwijderen die je hinderen de liefde van de Vader te ontvangen en je hart te ontdekken als een ware zoon of dochter. Jezus had het hart van een zoon naar Zijn Vader. Hij leefde in de aanwezigheid van de liefde van de Vader. Het evangelie van Johannes verteld ons dat alles wat Hij zei en deed was wat Hij de Vader zag en hoorde doen. Jezus nodigt ons uit om die wereld binnen te gaan als broeders en zusters van Hem, de eerstgeborene.

Evenals we ons hart openen vult Vader ons hart met Zijn liefde door de Heilige Geest. In een hart getransformeerd door Zijn liefde kan ware en blijvende verandering plaatsvinden. Na jaren van streven en doelgedrevenheid vinden velen eindelijk de weg terug naar huis, een plaats van rust en toebehoren.

Om je aan te melden voor een 'A' school ga naar
www.fatherheart.net

FATHERHEART MEDIA

Deze Nederlandse uitgave van het boek kan direct besteld worden via de (christelijke) boekwinkel en rechtstreeks bij uitgeverij Scholten in Zwolle onder de titel *'Het Hart van een Zoon'* (ook verkrijgbaar in het Nederlands op Amazon en Kindle). Meer informatie en bestellen kan ook via de website www.fatherheart.eu

De originele uitgave van dit boek in het Engels en ander materiaal van Fatherheart Ministries zijn te krijgen bij:

www.fatherheart.net/store - New Zealand
www.amazon.com - Paperback & Kindle versies

Bezoek ons op www.fatherheart.net

www.ingramcontent.com/pod-product-compliance
Lightning Source LLC
Chambersburg PA
CBHW070550010526
44118CB00012B/1279